世界標準のセールス・マネジメント・ストラテジー

TQSM®

Total Quality Sales Management

営業部門の生産工学戦略のすすめ

エクスプローラーコンサルティング株式会社
代表取締役
高原 祐介 著

生産性出版

はじめに

営業部門の生産工学戦略のすすめ

これまで日本の営業部門の戦略とは、一昔前であれば気合と根性、少し前であればセンスとバイタリティ、ここ最近であれば知識と経験など、属人的なものばかりでした。

そうではなくとも、新規製品や導入サービス頼み、出精値引や販促キャンペーン頼み、特別報酬や販売インセンティブ頼みなど企画的なものばかりが目立っていました。

このような、営業人材の資質や能力と、営業企画の消耗戦や接近戦で戦っていたことから、営業に強い組織と人材を育むことができない停滞した時代が、長期にわたり続いていました。

一方、著者である私は、日本はもちろん欧米諸国のセールスに関する書籍や論文も読み漁りましたが、いわゆるトップセールスと呼ばれるハイパフォーマーには活用できても、大多数の営業担当者や管理者には理解できたとしても実践面で活かすことが困難であるものがほとんどであり、いわゆるレアケースに対するトークテクニックを集めた応酬話法集に留まっているように思えました。

弊社エクスプローラーコンサルティング株式会社は、各種企業と金融機関のセールス・マネジメント・ストラテジーを開発提供している世界で唯一の会社です。

弊社は、セールス・コンサルティングとトレーニングの提供、営業生産性向上システムの開発など20年にわたり手がけてきました。クライアントは130社以上におよび、大手ハウスメーカー、大手自動車メーカー、大手生命保険会社、大手損害保険会社、大手証券会社、機械設備メーカー、資材商材メーカー、大手地方銀行、信用金庫など、営業部門の生産性向上と品質向上の戦略に広く深く貢献しています。

各クライアントにおけるその導入効果は、各種企業の成約数では前年対比135%の中央値であり、金融機関の成約数では前年対比165%の中央値を実現しています。

属人的で企画的な営業戦略を脱し、営業部門に総合的かつ実践的なイノベーション（技術革新）を生み出す、体系的かつ創造的でサステナブル（持続可能）な取り組みによる、「営業部門の生産工学戦略」の導入を強くおすすめします。

それを開始する時期は、製造業のモノづくりであれば日本が焼け野原になった戦後であったように、営業の顧客づくりとそれを担う人材づくりであれば、世界中の組織内コミュニケーションと対顧客リレーションが滞ったポストコロナの現在です。

「営業部門の生産工学戦略」であるセールス・マネジメント・ストラテジーとは、「TQSM®（Total Quality Sales Management®：トータル・クオリティ・セールス・マネジメント）」と称する営業部門専用の生産性向上戦略です。

「TQSM®」は、製造業のモノづくりの総合的品質管理方法の王道である「TQM（Total Quality Management：トータル・クオリティ・マネジメント）」を基盤として、営業部門用に特化した生産性と品質向上の成長戦略として応用し、開発したものです。それは、私のバックグラウンドである製造業の経験から探究し、実証されたものです。

現在、日本国内における多くの各種企業と金融機関が、この「TQSM®」に対して、全社を挙げて取り組んでおり、新たな世界標準となっています。「TQS

M®」に関する開発と提供ならびに普及を進めている弊社は、「トヨタ自動車株式会社」に創業の支援を受けて20年前に設立した会社であり、TQSM®は最初のクライアントでもあるトヨタ自動車株式会社の住宅事業に営業戦略として導入されました。

この独自のストラテジーは、世界初の営業生産性向上支援システムSPISS®（スパイス：Sales Productivity Improvement Support System）を搭載したCRM・SFA（顧客管理・営業支援システム）としてもリリースされ、世界に羽ばたこうとしています。本書は、「営業部門の生産工学戦略」のメカニズムを可能な限りわかりやすくコンパクトにまとめました。ぜひとも、ご一読ください。

2023年1月

エクスプローラーコンサルティング株式会社

代表取締役　高原 祐介

世界標準のセールス・マネジメント・ストラテジー

「営業部門の生産工学戦略」

3.スピード化プログラム

[Speediness Program]

「TQSM®ツール」
TQSM® Tool

4.専門化プログラム

[Specialization Program]

「セールス・サイエンス®」
Sales Science®

×

「TQSM®システム」
TQSM NAVI®(SPISS®)

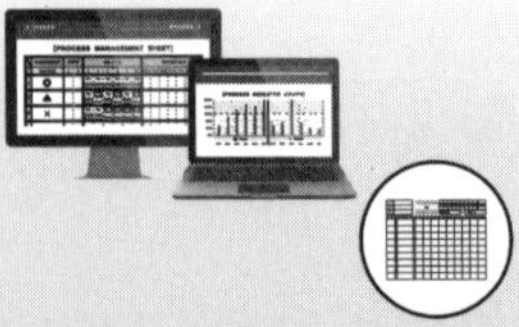

「セールス・テクノロジー®」
Sales Technology®

セールス・ストラクチャー

[Sales Structure]

セールス・ストラテジー

[Sales Strategy]

TQSM® (Total Quality Sales Management®)

営業のIE & TQSM®

Industrial Engineering of Sales
コンサルティング

Total Quality Sales Management
トレーニング

1.単純化プログラム
[Simplification Program]

「効果的商談」
Effective Sales

「効率的行動」
Efficient Action

セールス・スタッフ
[Sales Staff]

2.標準化プログラム
[Standardization Program]

「プロセス・マネジメント」
Process Management

「プロセス・インジケーター」
Process Indicator

セールス・マネジャー
[Sales Manager]

目次

TQSM®
Total Quality Sales Management

第2章 TQSM®の概要と設計

第3章　TQSM®の構成と流れ

第4章　単純化プログラムの原理と原則

第5章　標準化プログラムの原理と原則

第6章　営業部門の生産工学戦略の裏側

おわりに

第 1 章

TQSM®の開発と進化

◆製造業出身の著者が、いかにしてTQSM®を開発したのか、その経緯を記します。

◆各種企業や金融機関における、TQSM®の導入とその取り組みについて記します。
また、個人事業主・各種士業・フリーランスの方にも活用される動向にも触れます。

◆持続可能な開発目標（SDGs）が注目されて、各種事業における営業部門の生産性・品質向上は待ったなしです。営業戦略としてのTQSM®の即効性も記します。

ＴＱＳＭ®の誕生

私はもともと営業職の出身ではありません。製造業の出身です。製造業といっても、私が従事していた職種は大工職です。製造業の中でも大工職というと、近代的な自動車工場で働く技術者などの職種とは違って古典的な職人というイメージを持たれるかもしれませんが、私はこの大工職時代の経験が、現在につながる大きなヒントになりました。それは私が、日本の製造業の中においても大工職が最古の製造業と考えているからです。

木造伝統建築のモノづくり、人材づくり、組織づくりは、１３００年も継承されてきた歴史があり、世界最古の木造建築物が現在も美しいまま佇《たたず》んでいることが、その証です。

世間でよく知られている職人の言葉に、「盗んで覚えろ」などという言葉がありますが、盗んで覚えてできるような仕事だけしていても、大工職人として伝統を紡ぐ職人にはなれません。

大工職といってもいろいろあると思いますが、自ら建てた住宅が30年や50年で建て替えられてしまうものではなく、100年や200年も住み継がれる、そういう仕事に携わったささやかな自負が私にはあります。美しい佇まいや住み心地だけではなく、資産価値としても次の世代に残していけるような作品を提供する仕事をしていました。

モノづくりの大工職に従事する

たとえば、各種の木材をどうやって選ぶか、どうやって切るか、どうやって削るか、どうやって仕口《しくち》（接合・交差させる部分のこと）を作るか、どう組み立てるかなどの技術を、棟梁のもとに入門した初日から、一から十まで正しく教わっていきます。そこには技術を確実に継承できる仕組みが存在していました。

その例を挙げるなら、まず柱に使用する木材は圧縮に強いヒノキなどを採用します。次に育った地域の気候や環境などによって、どこの柱材に使用するのかを決定します。大黒柱ならば、寒冷地の北側斜面で育った木曽東濃檜《とうのうひのき》の高樹齢材を選択します。

さらに元口（根側）を下方に向け、年輪の肥大側（南側）を南方角に向けて配置します。鉋《かんな》は、木表（皮側）ならば末口（梢側）から元口に向けてかけます。

こういう基本を教わっていれば、鉋を八分の力でかけても滑らかに美しく削れます。ところが棟梁に教えてもらわずに鉋をかけると、中学生時代に作った木工作品のように、きれいに削れないだけでなく鉋の刃を傷めます。加えて身体に無理な負担がかかって筋肉痛や腰痛などになってしまい、生産性が上がらず品質も向上せず、日当ももらえません。

また、その道具である鉋そのものについても、精度の高い精緻《せいち》な手入れが必要であり、刃の研ぎ方はもちろんのこと、鉋台の作り方や直し方も棟梁から丁寧に教わりました。

こういった教えは、他の棟梁の所に建前などの手伝いに行った時もまったく同じです。

モノづくりだけではなく、人材づくりも、その組織づくりでも、超長期間に渡って継承できている大工職の仕事には、きちんとした持続可能な仕組みが整っていました。

それを棟梁に正しく教わることがなければ、顧客の将来に残る住宅を完成させたり、後輩たちにも、それらの後世に残る仕事を継承させることができなかったでしょう。

顧客づくりの営業職に挑戦する

そういうモノづくりの世界だけで生きていた私が、10年間の奉公を終える頃に、ひょんなきっかけで私がとても苦手であった、営業の世界に飛び込むことになりました。そこで与えられた仕事は、モノづくりならぬ顧客づくりである営業職の仕事であり、併せて人材づくり、組織づくりも、後に任されることとなりました。

ところが、営業職で当時から重視されていたのは、気合と根性だったり、センスとバイタリティだったり、知識を増やせとか、経験を積めというものばかりでした。

そうではなく、営業職の王道の方法があるはずだと考えた私は、顧客を創造する営業活動のメソッドと、部下を成長させる人材育成のメソッド、組織を形成する組織体制のメソッドを、製造業と同様に営業部門で創り上げようと全力を傾けました。

入社1年目に全国トップセールス

私は、建設会社で営業職に3年間ほど従事した後、大手ハウスメーカーの営業職に移籍しました。そのメーカーで入社1年目に全国トップセールスになることができました。

どのようにして成し遂げたのかというと、この後に詳しく解説するTQSM®の「営業活動の単純化」の実践です。移籍前に既に単純化のメソッドは完成していたため、顧客づくりを単純化することにより、営業の生産性と品質を向上させることができました。

そして入社2年目には、全国トップマネジャーになることができました。これは、TQSM®の「営業管理の標準化」に取り組むことで達成しました。人材づくりを標準化することで、自らが管理する営業所の生産性と品質を向上させることができたのです。

さらに入社3年目には、全国トップの営業部長になることができました。これは、

ＴＱＳＭ®の「営業体制のスピード化」を推進し、実現しました。この体制づくりのスピード化で、自身が統率する営業部門全体の生産性と品質を向上させることができました。

結果として、組織内コミュニケーションの活発化と対顧客リレーションの活性化を果たしました。これは、ＴＱＳＭ®の「営業戦略の専門化」に相当しており、顧客満足度に加えて従業員満足度の向上を実現し、ブランド力向上にも貢献しました。

それは、営業活動と営業管理における持続可能な取り組みが確立できた瞬間であり、そのよろこびとやりがいを皆様にもぜひ、体感していただきたいと思います。

ＴＱＳＭ®の進化

現在、ＴＱＳＭ®はさらに発展し、全国の各種企業や金融機関で導入されています。その動向を、ハウスメーカー、自動車メーカー、生命保険会社、損害保険会社、証券会社、機械設備メーカー、資材商材メーカー、地方銀行や信用金庫などについて、触れていきましょう。

検証した商談件数は1200万件

第2章でも触れますが、弊社のTQSM®は国内数々の各種企業、また、全国各地の金融機関に対して導入されることとなりました。総プロジェクト数は200件以上におよんでいます。それらを導入したクライアント企業数はすでに130社以上になり、そのセールス・コンサルティングとトレーニングを20年間にわたり積み重ねています。

この期間に実際に検証した商談件数は、実に1200万件[1]を超えています。

このように、さまざまな各種企業と金融機関に対して多くの成功事例を積めば積むほど、各クライアントとの共同作業で、TQSM®はさらに改善されて進化し続けています。TQSM®の取り組みは、クライアントの生産性向上と品質向上の精度を高めるだけではなく、付加価値の向上であるクライアントのブランド力向上にも寄与しています。

弊社のほかにも、コンサルティング会社として営業部門の生産性向上と品質向上をソリューションとして提供している企業は、世の中にはあるでしょう。しかし、実績に直結しないものがほとんどであるとクライアントから伺います。

このように、コンサルティング会社のサービスを導入したにもかかわらず、あるいは営業支援のシステムを採用したにもかかわらず、実績向上に全くつながらないケースも多く、そのようなことを繰り返していると、たくさんの顧客と従業員を失ってしまいます。

弊社は、こうしたクライアントの課題に応え、1年間など比較的短期間での即効性をもって生産性向上と品質向上を成し遂げています。なぜそのようなことが可能なのかというと、人材成長や組織強化に強い想いを持つ経営層や営業現場の方々に寄り添い営業活動や営業管理に向き合い続ける、開発の過程があるからです。その開発過程で、実証と改善を積み重ねてきたものには説得力があり、納得度や再現性も高いと考えています。もちろん、各種事業を学び続ける姿勢も必要不可欠です。

最近、日本でも個人事業主や各種士業、あるいはフリーランスの方も増えており、ご本人で営業されている方も多くなっています。また、ひとり親家族の方も増えています。

ここで、ひとつの例を紹介します。母子家庭や父子家庭の中には、稼ぎを得ることが必要になった際に、ＴＱＳＭ®の習得に対して営業部門の誰よりも素直に学習し、自身の営業活動に対して営業部門の誰よりも愚直に実践し、営業現場の顧客に対して営業部門の誰よりも実直に継続した結果、営業職を始めた年に全国ナンバーワンの収入を得た方も存在します。

ＴＱＳＭ®は、こういった方々の営業の生産性と品質向上にも、とても有効な手段です。さらには、起業した直後であり一人もしくは少人数のみで事業を営んでいる方が、売上を上げていくための営業生産性と品質向上にも、即効性をともなって活用できる手法です。

ほかにも、弁護士や会計士などの各種の士業にも、その効果があることがわかっています。

営業部門を早急に強化しなければならない現在の経営者の方も、営業組織を将来に備えて強化しておかなければならない次期の経営者の方も、営業人材を至急に鍛えて実績を出さなければならない営業管理者の方も、営業能力を即時に身につけて売上を上げないといけない営業担当者の方も、失敗が許されない時には、TQSM®に取り組まれることをおすすめします。

営業部門の持続可能なビジネスモデル

ここ最近になって世界中で本格化している動きがSDGsです。当然、営業部門も持続可能なビジネスモデルの構築を本格化しなければならない時代が到来しています。

皆様の中には、TQSM®のような確実性と再現性の高い営業の生産性向上と品質向上の戦略を導入していなくとも、事業は十分やっていけると判断されている各種企業や金融機関の方も少なくないでしょう。また、そのような取り組みをしていなくとも、それなりの業績や利益などを残されている方々もたくさんいらっしゃるかと思います。

しかし、それらはもしかすると高度経済成長期や過去の市場と環境が良かった時代の遺産かもしれません。市場経済が伸びると同時に、それに釣られるように事業が発展した旧態依然とした営業のビジネスモデルを、現在も踏襲しているケースが少なくありません。現在の課題を直視し、危機感と緊張感を持って革新に取り組む必要があるでしょう。

実際、弊社にご相談に来られた方々に対して、新規開拓に果敢に挑戦しているか、既存深耕の機会を逃していないか、もしくは顧客に向けて高い付加価値を提供しているか、あるいは市場に対してブランド力を向上できているかということなどをお尋ねすると、実行できていないことが多く、時には自らの保身や昇格のみを考えている方も残念ながらみられるようです。

かつて第一次産業の農業などだけでは上手くいかなかった時代があるように、第二次産業である各種企業を営んでモノづくりさえ行なっていればなんとかなるような、簡単な時代ではけっしてありません。

当然ながら、第三次産業のサービス業が提供するセールスとマネジメントに関して、気合と根性、センスとバイタリティ、知識と経験でことが済む時代でもありません。

営業部門の最重要課題は革新

組織人材の変革には一定の期間がかかります。ものごとには順序があり、計画段階（Plan）→実行段階（Do）→評価段階（Check）→改善段階（Action）と、それぞれの段階を1年ごとに着手したとしても、最短で4年間程度はかかります。

いまや革新に取り組まないことには、市場からも経済からも見放されてしまうため、各種企業や金融機関の経営トップ層が決断しなければならない最重要課題です。

しかし実際には、各種企業や金融機関では、経営者自身が営業経験の少ない方や営業経験の全くない方も多くおられるために、そのような経営判断をされていないケースも多く、その判断を営業部長の固定観念、または関係する役職者の仮説思考、あるいは担当の課長係長や担当者の個人的志向に戦略を委ねているケースも、残念ですが少なくありません。

日本には、100年以上の歴史がある各種企業や金融機関も多く存在していますが、いまのままのビジネスモデルでは、次の100年を存続することは困難でしょう。造れば売れた大量生産の時代から、各顧客の多様なニーズに応えて生き抜く時代へ様変わりしましたが、皆様の営業部門の組織人材は今後の時代に備えておられるでしょうか。

いまこそ営業部門の革新が必要です。ＴＱＳＭ®はそのための有効な手段となります。このような重要な戦略課題を、営業部門や企画部や人事部に任せておけばよい時代では決してありません。

現在、弊社クライアントとなっていらっしゃる各種企業と金融機関は、経営トップ層とすべての幹部と従業員でＴＱＳＭ®に全社を挙げて取り組んでいただいている組織ばかりです。それら各種企業や金融機関の発展は、より確実性の高いものとなっていくことでしょう。

経営層を含めた全社一丸の取り組み

営業部門の生産性と品質向上という最重要課題の解決に挑む各種事業を営んでいる皆様には、経営層を含めた組織全体の全社一丸でＴＱＳＭ®に取り組まれることを強く推奨しています。

製造業の生産性向上と品質向上も、まずは経営層が中心となり工場全体の全社一丸で取り組むことで達成され、数々のさまざまな難局を乗り越えて事業発展を継続してきました。

営業部門も同様であり、顧客づくりも人材づくりも、体制づくりも組織づくりも、統括責任者のみに委ねたり、営業管理者や担当者などに任せていてはいけません。経営層が自分の目で見て、自身の耳で聴き、自らの足で確かめ、自身の頭で考えてください。

各種企業や金融機関の経営層が、営業部門の営業管理者や担当者などと、全社を挙げて取り組む姿勢は、必ず市場から評価されます。

二輪業界で日本が勝ち残った教訓

ここに一つの教訓を記します。約70年前の1950年代に中京地区（愛知県名古屋市近郊）だけで78社、全国200社以上の二輪メーカーが製造販売をしていました。

現在、日本国内で生き残っている二輪メーカーは、中部地方で創業したホンダ・ヤマハ・スズキと、メグロ（東京都）を吸収合併したカワサキ（兵庫県）のみです。

それら４大メーカーは、現在も世界中の国々でシェアを伸ばして発展し続けています。

イノベーションに常に挑み続けたホンダ、カイゼンに取り組み続けたトヨタ自動車などに代表されるように、真摯に生産性向上と品質向上に取り組み続けた各種企業と金融機関だけが、22世紀まで視野に入れた将来も生き残れるのではないでしょうか。

それでは、次章からはＴＱＳＭ®の概要と設計について詳しく解説していきましょう。

1．TQSM®では、営業担当者一人あたりに毎月約50件の商談指標を設定しており、一人あたり月50件×12カ月＝年600件となる。また、1プロジェクトあたり約100人を指導しており、年600件×100人＝年6万件の検証件数である。

このようなプロジェクトを年平均10件以上は受け持っており、アドバイスの年計は1プロジェクトあたり6万件×年10プロジェクト＝年60万件以上の検証件数となる。

これを20年間で、60万件×20年＝合計1200万件以上の検証件数となる。

第 2 章

TQSM®の概要と設計

◆ＴＱＳＭ®の概要を説明し、理解を深めます。ＴＱＳＭ®は製造業で取り組まれてきた総合的品質管理のＴＱＭを、営業部門に応用開発し、生産性向上と品質向上を図ります。

◆ＴＱＳＭ®は、営業部門の課題である3ムダラリ（ムダ・ムラ・ムリ）を排除します。

◆ＴＱＳＭ®は営業活動における質と量を総合的に向上させます。営業部門の生産工学戦略としてトップダウンで実施し、ボトムアップで改善させます。

営業の生産工学

ここからは、ＴＱＳＭ®とはどういうものか、概要と全体の設計について解説します。

ものづくりのＴＱＭ（Total Quality Management：総合的品質管理）を基盤として、弊社が営業部門専用として応用開発したものが、ＴＱＳＭ®（Total Quality Sales Management）です。ＴＱＳＭ®とは、営業部門における総合的品質管理の総称であり、営業部門の総合的な生産性向上と、品質向上を実現するための営業生産工学戦略です。

弊社は創業以来、その実証と改善をクライアントとともに積み重ねてきました。

戦後の日本のモノづくりは、諸外国と比べて品質も決して高くありませんでしたが、その品質レベルを世界最高水準にまで押し上げたのがＴＱＭです。日本の各種の製造業がＴＱＭに真摯に取り組むことにより、生産性向上と品質向上を実現できました。

ＴＱＭでは、組織全体としての統一した品質管理目標への取り組みを、単に製品の生産性向上と品質向上だけでなく、各種の製造業における経営戦略にも活用しています。その取り組みは、各社の経営トップ層が決定した経営戦略をブレイクダウンして、品質目標に加えて顧客満足度の目標まで落とし込んで全社展開を実施するものです。それらを実直に継続した結果、日本は経済的に豊かになり、製造の分野で日本が主要７カ国を牽引するまでになりました。

その製造業におけるＴＱＭを基盤とし、これらを営業部門や渉外部門の総合的品質管理に応用展開する人材育成と組織強化の成長戦略が、本書で紹介するＴＱＳＭ®です。

弊社は、ＴＱＳＭ®によるセールス・コンサルティングとセールス・トレーニングに加えて、それらを支援する営業生産性向上のＣＲＭ・ＳＦＡシステムまでを生産工学戦略としてとらえています。

ＴＱＳＭ®を導入している各種顧客事業

ＴＱＳＭ®のコンサルティングとトレーニングは、各種顧客事業に導入されています。２種類に大別すると、一つはＢ to Ｃ事業であり、もう一つはＢ to Ｂ事業です。ＴＱＳＭ®を導入しているＢ to Ｃ事業には、大手ハウスメーカーも多く存在します。

これら大手ハウスメーカーには、１年間をかけて、すべての営業担当者、営業所長、支店長に向けたＴＱＳＭ®トレーニングを受講していただきました。現在も、営業部門の生産性向上と品質向上や組織強化に熱心に取り組まれ、住宅事業はさらに躍進しています。

ＴＱＳＭ®を導入している各種メーカー

なぜ、大手ハウスメーカーの導入が多いのかというと、多くの大手ハウスメーカーは高度経済成長期に創業された企業がほとんどだからです。日本の第一次ベビーブームにあたる団塊の世代が住宅需要を大きく伸ばしたため、１９７０年頃から２０００年頃までは、営業担当者１名あたり月間１棟、年間12棟も受注できた時代が長く続いていました。ところが、その旺盛な需要も一段落してしまい、その後の少子高齢化も影響して、2000年以降には年間6棟に、さらに減り続け、現在は2～3棟程度になっています。

そういったハウスメーカーの住宅商品は、高い品質はもちろんのこと、性能も高く、意匠も良く、保証も長い、それに加えて資産価値も長期間保持できます。そのうえで再度、年間12棟受注できる状態に戻したいと望まれている企業が多いのです。その要望から、弊社のコンサルティングとトレーニングを導入されています。

たとえば、某ハウスメーカーでは、ある県全体の受注棟数が年間500棟の大台に届かない状況の時に、年間受注棟数を安定的に伸ばしたいとのご相談がありました。弊社がTQSM®によるコンサルティングとトレーニングを提供したところ、その年に年間600棟以上の受注棟数に加えて、県内シェアの伸長を実現することができました。

翌年以降も受注を伸ばし続けて、現在1名あたり年間12棟程度を実現されています。

TQSM®によるコンサルティングとトレーニングを実施すると、各種企業の平均で前年比125~160%程度、中央値で135%程度の受注棟数などを実現できます。

ハウスメーカーのような新築住宅事業の場合は、導入したその年に受注棟数が上がり、翌年に売上額が上がります。そして翌々年になると利益額も伸ばせるようになります。

また、TQSM®を導入されているハウスメーカーは、新築住宅事業に留まりません。多くの大手不動産会社、注文住宅会社、分譲住宅会社、分譲マンション販売会社は、併せてリフォーム事業を手がけられているケースも多く、そちらでも導入されています。その際は、1名あたりの売上額と利益額を上げるコンサルティングとトレーニングを実施します。

さらに、TQSM®を導入されている自動車メーカーでは、某高級自動車の輸入販売を手がけている大手企業の場合で、前年対比135%以上の受注台数を実現しました。

そして、機械設備のメーカーや資材商材のメーカーなどでも広く導入されています。その場合は、単に受注件数の増大だけでなく、設備拡張に向けたアフター・セールス、保守管理に向けたメンテナンス・セールス、総合提案に向けたトータル・セールス、新規開発に向けたリサーチ・セールスなど、総合的に営業の生産性と品質向上を実現されています。

ＴＱＳＭ®を導入している生命保険会社・損害保険会社・証券会社

ＴＱＳＭ®は、大手の生命保険会社、損害保険会社、証券会社などでも導入されています。大手生命保険会社では、営業活動に関するマニュアル作成やｅラーニング教材の提供、すべての新入社員や若年社員に対するセールス・トレーニングを実施しています。

限定的な導入にとどまるのは、何万名もの社員が在籍されており、全社員へのきめ細やかな教育育成は困難であるからです。

このように、ＴＱＳＭ®を全社的に導入されるメーカーや、限定的に導入されている企業では、それぞれの市場において、シェア第1位を占めていることも少なくありません。

ＴＱＳＭ®を導入している地域金融機関

近年、導入が増えているのは金融機関です。第一地方銀行と呼ばれる営業を管轄するエリアが広域にわたる銀行や、各地域でシェアが大きい信用金庫などです。また、信用組合、農業協同組合、労働金庫などでも相次いで導入されています。

なぜ、各種の金融機関が全営業店に対してＴＱＳＭ®を導入されているのかというと、日本各地における人口減少が加速しており、地域経済は少子高齢化とＩｏＴ時代の到来を経て経済構造が変化し、厳しい環境に置かれています。

このような時代において、地域金融機関としての役割は、顧客を守り、地域を支え、顧客本位（フィデューシャリー・デューティー）のサービスを提供し、収益を上げることが同時に求められているからです。

これら地域金融機関は、法人向けの事業性融資やソリューションの提供[2]であったり、あるいは個人向けの預かり資産など、現在はさまざまな各種サービスを展開されています。

ＴＱＳＭ®によるコンサルティングとトレーニングを実施すると、金融機関の平均で前年比１４０～２５０％程度、中央値で１６５％程度の成約件数などを実現できます。地方銀行や信用金庫など地域の金融機関であれば、導入した年に成約件数が上がり、翌年には貸出残高や手数料額の総額が上がり、翌々年にはその収益が上がってきます。

そして、顧客本位の活動に徹することで、顧客を守り、地域を支えて、地域の発展のお役に立つことができます。最終的には、他行との生存競争に打ち勝って地域から必要とされる金融機関となられていきます。

また、その過程が最も重要であり、法人向けや個人向けの担当者、あるいは各営業店の支店長や役席者が、顧客から〝ありがとう〟と言われるような成功体験を、できるだけ多く積み増すことが必要です。そうしていれば、離職率が減り入社志望者も増えて、顧客満足度に加えて従業員満足度も上がってきます。

これら地域の金融機関が、事業や生活を営むたくさんの法人顧客と個人顧客に向けて元気と活力を提供することで、地域活性化に深く貢献ができるようになります。

法人は雇用人口を創出できるようになり、所得は地域格差が是正されるようになり、人口は集中地区が解消されるようになり、少子高齢化と人口減少の問題も払拭されて、地域市場は経済の活気を取り戻し、地域住民は幸福を実感できるようになります。

このように、現在の日本経済と地方創生の鍵を握るのは、全国の地域金融機関だと言っても過言ではありません。2022年9月末現在、全国に存在する地域金融機関は、地方銀行で99行、信用金庫で254庫です。各種の信用組合も合わせると、合計で約500の金融機関がその役割を担っています。

そのうちの大手地方銀行を中心に、現在、約5%が弊社のTQSM®を導入されています。

しかし、現在の地域金融機関は、営業を管轄する地域内の法人顧客などに対して、元気と活力、事業を営む勇気と知恵を与えるどころか、自らの収益を上げることも困難な局面を迎えており、統廃合などの存続の危機にさらされているのが実状です。

すなわち、地域金融機関における地域貢献力と組織収益力が同時に問われる現在だからこそ、渉外部門の人材育成と組織強化が急務なのです。TQSM®はそれらに着実に貢献しています。

エクスプローラーコンサルティング社とTQSM協会

なぜ弊社が営業部門専門のコンサルティング会社としてこれらに取り組んでいるのかは第1章でも触れましたが、弊社はトヨタ自動車から創業支援を受け、20年前に設立した営業部門専門のコンサルティングとトレーニングのサービスを提供している唯一無二の会社です。その取り組みは、各種企業と金融機関の営業部門の生産性向上と品質向上に大きく貢献しています。

最初のクライアントはトヨタ自動車

２００３年３月期のトヨタ自動車は、営業利益が１兆３６３６億円と、すでに1兆円を超えるまでになっていました。それだけではなく、２００４年３月期には最終利益である当期純利益で1兆１６２０億円（２００４年5月11日発表）に達し、日本企業として初めて１兆円の純利益を生む企業として大きな注目を浴びていました。

当時は、各事業の製造部門中心に生産性と品質向上で利益を出していましたが、最終工程はお客様という考え方から、お客様に製品をお届けする営業部門には成熟市場や少子高齢化についての課題があると考えており、営業部門の革新が必要であると言われておりました。

すなわち、モノづくりの製造部門だけではなく、顧客づくりの各販売店の生産性と品質向上、また人材づくりの生産性と品質向上の必要があると認識されていました。

住宅事業においても、お膝元の豊田市でも苦労されており、その拡販に向け「それをどう解決したらよいのか」というご相談がありました。

おそらく、その時に住宅事業の直営会社に私が提案した、営業部門に対する生産性向上と品質向上の方法が、トヨタ生産方式（TPS：Toyota Production System）を営業部門用に応用開発した方法だったため、わかりやすかったのではと思います。

そして、「創業してください」と仰っていただいたのが、約20年前の２００３年度が終わろうとする頃でした。

デミング賞とＴＱＳＭ協会

本体であるトヨタ自動車は、１９６５年にデミング賞を受賞されています。これは、ＴＱＭ（Total Quality Management）の進歩に特に大きな功績のあった民間団体などに対して授与される経営学上での世界最高ランクの受賞にあたります。

このデミング賞とは、ＴＱＭ（総合的品質管理）における専門家であった米国の故ウィリアム・エドワーズ・デミング博士にちなんだ賞であり、トヨタ自動車はその製造工程において受賞されました。

その後、同社は住宅事業における営業部門でもチャレンジされるということになり、トヨタの自動車やレクサス車よりも販売価格の高いトヨタホーム[3]において、２０１４年４月からＴＱＳＭ®を全国に展開されました。数年がかりのカスタマイズをされた後の２０１８年10月２日に、デミング賞を受賞されました。

弊社は、ＴＱＳＭ®は各種事業のクライアントからお預かりしている知的財産と考えています。これを皆様の企業や金融機関に日本の営業部門の生産性と品質向上のセールス・マネジメント・ストラテジーとして提供し、還元していきたいと考えています。

そうできるよう願いを込めて、普及活動と振興交流も進めていきたいとの想いから、デミング博士の命日（１９９3年12月20日）にちなみ、２０２０年12月21日に一般社団法人ＴＱＳＭ協会を設立し、個人の能力開発と振興交流にも携わっています。

ＴＱＳＭ®のセールス・コンサルティングやトレーニングを受講できなかった新しい営業担当者や営業管理者が少人数の能力開発に利用されたり、あるいは所属する組織にそれらが導入されていない個人の方が、自身の能力開発に利用されるのもよいでしょう。また、学生の方が営業の能力開発に利用することで、就職活動の際には、その努力を堂々とアピールされるのもよいでしょう。

トヨタ生産方式とＴＱＳＭ®

ＴＱＳＭ®を開発する際のヒントになった、トヨタ生産方式に触れておきます。

第二次世界大戦後の自動車製造業において、日本と米国の生産性に大きな格差があり、日本は米国よりも10倍以上は生産性が低いといわれていた時期がありました。

資金力も十分でなかった当時、トヨタ自動車が全社を挙げて取り組んだことは、全てのムダを排除し、生産性を上げて、生産コストも可能な限り下げるという道でした。トヨタ生産方式の特徴は、ムダ・ムラ・ムリの排除と、その合理的な生産工程です。ムダを徹底的に排除できれば、付加価値を高めてコストも削減することができます。また、在庫量も最適化することができ、不良品などを減らすことも可能となります。

その代表的なものを挙げると、リードタイムを短縮する「ジャストインタイム」です。必要なものを必要なときに必要なだけ提供できるよう部品を調達して製品を生産します。それを実現する管理手法が「かんばん方式」で、部品を前工程から最適な時に調達します。

また、トヨタ生産方式は人を活かしたモノづくりが特徴です。製品の質を向上させ、現場の人材を育成するために、ＱＣサークル活動という品質管理（ＱＣ）の小集団活動を重視しています。

このように、徹底したムダの排除と不良品をださない仕組みが常に改善されています。

TQSM®は、これらの仕組みを営業部門用として応用開発し、取り入れています。私は、その対象がモノという製品から、顧客という人間に置き換わったことにより、そこには命と心と体が存在しているため、常に優しく強く支えたいという一心で開発しました。

営業部門における3ムダラリの排除

なぜトヨタ自動車は、製造部門はTQMに、営業部門はTQSM®に取り組むのでしょうか。また、なぜ多くの企業や金融機関の営業部門は、TQSM®に取り組むのでしょうか。結論から申し上げると、先ほどから幾度も触れている3ムダラリを排除するためです。

3ムダラリとは、ムダ・ムラ・ムリを足し合わせた製造業の専門用語です。すなわちTQSM®の取り組みは、営業の3ムダラリを排除するために存在しています。

フェーズ1　実績にムラが生じる

フェーズ1は、皆様の組織にも生じている可能性が高いです。各営業担当者の能力の差、経験の差、スキルの差が実績の差となって現れていませんか。また営業管理者の裁量の差、経験の差、スキルの差が営業拠点の実績の差となって現れていませんか。

さらに先月や先期の実績は良かったが今月や今期は実績が落ちている、あるいはコロナ前の実績は良かったがコロナ後は落ちているなどのムラが生じていませんか。実績のムラが生じることがフェーズ1の主たる症状です。フェーズ1が進行すると、早ければ1年後、遅くとも2年後には、次のフェーズ2の段階に入ってしまいます。

フェーズ2　それぞれにムリを強いる

フェーズ2になると、仕事のできる営業担当者に仕事が偏ってしまうようになります。一方、仕事のできない多くの営業担当者が帰宅して、働き方改革が正常に機能しません。

また、営業管理者間には競争原理が働かないだけでなく、ノルマを要求してはいけない時代にもかかわらず、組織内では実績のみで評価される人事が執り行われることになります。結局は、営業管理者にネガティブな感情が生まれてしまい、ポジティブな発想にならないいため、大口の顧客や取引のみに縋《すが》りついて一喜一憂する状態に陥ってしまいます。

さらに、各月年度の実績にムラが生じて、それを解消しなければならない状況に追い込まれた結果、自身の一番大事なお得意様のところに行って、お願い型営業を常習的に行うようになり、各顧客にムリを強いるようになります。

つまり、営業担当者と営業管理者と顧客それぞれにムリを強いる状態に陥ってしまいます。これを放置しておくと、わずか1年後から2年後には次のフェーズ3に進行します。フェーズ1からここまでで、早ければ2年間、遅くとも4年間ぐらいです。

フェーズ3　ムダが止まらなくなる

最後のフェーズ3で何が起きるかというと、優秀な営業担当者や期待の若手人材ばかりにしわ寄せがいった結果、こうした貴重な人材が組織を去っていきます。

また、営業拠点に仕事のできない営業管理者のみが残ってしまい、収益力が低下します。

そうこうしているうちに、迷惑や負担をかけ続けていた得意顧客たちが競合他社に乗り換えて離れていきます。いわゆるムダが止まらない、末期の状態となります。

このようなムダは止めることができるでしょうか。悔しいことに誰も止められません。それではその前のムリはどうやって止めればいいのでしょうか。これも誰もが止められずに、指をくわえて見ているよりほかはありません。では、ムラは止められるのでしょうか。実はムラは簡単に止められるのです。それは、製造部門でも営業部門でも同様です。

日本の製造業が生産性と品質向上を果たしたのは、3ムダラリを排除したからです。この確実な成功例があるので、皆様の各種企業や金融機関の各営業部門についても、このムラを排除すればよいのです。営業部門の生産性と品質向上の実現ができれば、顧客満足度の向上に加えて、従業員満足度とブランド力の向上も可能になってきます。

営業の生産性向上のヒントをつかむ

それでは、どのようにムラを排除するかについて解説していきます。そのためには、TQSM®（Total Quality Sales Management）に取り組むことです。ベースとしたのはあくまでTQM（Total Quality Management）であり、確実性と再現性は保証つきです。

TQSM®は、日本だけではなく、米国、EU、英国、中国といった世界中の国々で商標登録を完了しており、日本国内では2021年に数種の特許も取得しています。

先にもお伝えしましたとおり、私自身はもともと製造業の出身でしたが、ある建設会社の営業担当者に抜擢されました。その時に直属の上司である係長からは、「気合と根性で売ってこい」とハッパをかけられました。若かった当時の私は、気合と根性はある方だとは思っていたのですが、それでも売れないので、さらに上の課長に相談しました。

するとと課長は、「営業はセンスとバイタリティだ」とアドバイスをしてくれました。「君はセンスとバイタリティがないから辞めたほうがいいかも」とも忠告されました。これはさすがにまずいと、さらに上の部長のところに相談に行きました。すると部長は、「営業は知識が必要だ」と仰いました。しかし、製造部門出身で豊富な知識はあるのに一向に売れません。「後は経験が必要だ」と仰いましたが、説得力はありませんでした。

営業活動はサイエンス、営業管理はテクノロジー

私はもともと大工職だったので、大工職時代に棟梁から、「木と語れ」と言われて育ってきました。各木材を見て触れながら、木と語らうことには慣れていましたが、当時の私は顧客とのコミュニケーションがまったく得意ではなく、顧客とはうまく話すことができませんでした。

そこで、図書館に行って営業活動の方法について手当たり次第に調べてみました。しかし、書いてあることが全部違っていて、かえって頭の中が混乱し、また行き詰

まりました。

その時にふと、大工職時代の棟梁の顔が思い浮かんだのです。製造業の世界では、私を教育育成してくれた諸先輩方の指導方法には、一切のブレがありませんでした。

製造業における生産性と品質向上と同じように、営業の生産性と品質向上の王道があるのではないか。営業活動を探究してみよう。自分でもやれることがあるはずだと考えたのです。後はそれを改善していけばよい、ということで考えがまとまりました。製造業に従事していた時は、モノづくりの過程も楽しんでいたので、そこからは一気に楽しくなりました。

当時の私に与えられた仕事は一軒一軒、訪問によって注文住宅を受注する仕事でした。一日で約8時間は歩き続けたので、時速約4キロで30キロほどは歩いていました。

最初の1棟目の成約がとれたのは、3カ月後の1800キロほど歩いた時でした。2棟目は1500キロで、3棟目は1200キロ、4棟目は何と900キロで成約できました。1年間歩き続け、計4棟成約できました。楽しくて疲れもなく、夢中になりました。営業活動の生産性向上と品質向上を初めて体験して、道端でひとり感動していました。

2年目からは、本社の近くにあるショールーム常駐の営業職に配置転換されました。ショールームに常駐していると歩かなくてもよいので営業活動の改善に拍車がかかり、ショールーム常駐となった1年目に、その建設会社の営業トップになることができました。営業活動の生産性向上と品質向上に確信を持てただけではなく、実感が得られた時でした。

建設会社の営業職として経験を積んだ後、某大手ハウスメーカーに移籍しました。自らが独自に開発して改善し続けたTQSM®を活用し、営業活動に打ち込んだ結果、入社した1年目に全国の営業担当者600人中、年間1位になることができました。営業活動とはサイエンスであることに気づいただけではなく、自信も得られました。

次の年には営業管理職になり、部下である営業担当者に1年間の教育育成を実施すると、次々と高実績を出す者が現れ、全国80営業所中の年間1位になることができました。

その翌年には営業部長職になり、全国10営業部中の年間1位という経験も積むことができました。そして、営業管理とはテクノロジーであることに気づいただけではなく、確証も得られました。

営業のサイエンスとテクノロジー

営業活動はサイエンスであり、営業管理はテクノロジーです。弊社は、「セールス・サイエンス®」と「セールス・テクノロジー®」と称したそのノウハウを提供しています。

ＴＱＳＭ®を各種企業と金融機関に提供するため、現在も東奔西走して貢献しています。

セールス・サイエンス®に取り組む

セールス・サイエンス®とは、製造業ならば製造開発、営業で言えば営業開発です。
日本の製造業のモノづくりにおける生産性向上に向けた、真摯で勤勉な取り組みと同様の、営業活動の生産性向上を確実に実現する総合的かつ実践的な取り組みのことです。

営業活動は「営業担当者の資質に任せる」とか、営業管理は「管理者の裁量に委ねる」という取り組みではいけません。あるいは「新しい製品に頼る」とか、「低価格や好条件に頼る」とか、「販促のキャンペーンに頼る」などの戦い方もよくありません。

営業活動の生産性向上に関しては、総合的に取り組むことが重要となります。商品知識の詰め込み型研修を実施しているのみとか、CRM・SFAシステムを導入しただけなど、それだけで生産性向上を成し遂げられるほど甘いものではありません。

さらに、営業活動の生産性向上に向けて実践的に取り組むことが必要となります。それは机上の空論ではなく、また「グループごとにワークショップで考えてみよう」などといったようなことでもなく、教えられた翌日から実績が上がり続けるほど高い効果が得られるものでなければなりません。

セールス・テクノロジー®を生み出す

セールス・テクノロジー®とは、製造業ならばグループ・テクノロジーに相当します。セールス・サイエンス®の取り組みによって、顧客満足度向上と従業員満足度向上も含めて生み出し、営業部門全体の品質向上にもつなげることができる取り組みです。

製造業では、製造ロスの軽減、製造ミスの減少、製造時間の短縮、製造コストの低減、製造管理の容易化、安全第一などを重視しますが、これらのテーマを、セールス・テクノロジー®では営業部門用に置き換えて考えています。

営業部門用に置き換えると、営業ロスの軽減、営業ミスの減少、営業時間の短縮、営業コストの低減、営業管理の容易化、法令遵守などに当てはまります。

営業ロスの軽減とは、仮に顧客と面談できたり会話できたとして、成果を上げることなく戻ってくる営業担当者ばかりにならぬようにすることです。

営業ミスの減少とは、仮に顧客に提案できたり折衝できた場合、好機を逃したり競合他社に取られたりして、失注してしまうことがないようにすることです。

営業時間の短縮とは、働き方改革につながるものであり、生産性向上が図れたとしても、残業時間が減らないだけでなく、年次休暇や長期休暇も取れないようなことではいけません。

営業コストの低減とは、営業車のガソリンを焚きまくり、システムに資金をかけまくり、利益を下げまくり、何をしているかわからない状態を脱することです。

営業管理の容易化とは、「営業管理者になりたい営業担当者は？」と尋ねると、志願するたくさんの手が挙がる環境をつくることです。

営業部門の就業人材が定着しない理由

製造業であれば「ライン長になりたい工員は？」と尋ねると、20歳代の若手が志願してきます。また「工場長になりたいライン長は？」と問いかけると、30歳代の中堅が志願してきます。それは夢と希望が持てる日本の製造業の誇りです。

ところが、私が見たさまざまな企業や金融機関の営業部門では、その様相が違っていました。「営業管理者になりたい営業担当者は？」と役員が聞いたところ、営業担当者たちは静まりかえり、手を挙げる人が誰もいないケースが少なくありません。同様に「統括責任者になりたい営業管理者は？」と聞くと、誰もが俯《うつむ》いてしまいました。

実際、彼らに話を聞いてみると、ある営業担当者は次のように答えてくれました。

「営業管理者や統括責任者を見ていると、彼らは精神的にも肉体的にも疲弊しています。私はそうはなりたくないのです。近い将来、転職も考えています」

あまりに製造業とは違っています。先に挙げたセールス・テクノロジー®の５大要素（営業ロスの軽減・営業ミスの減少・営業時間の短縮・営業コストの低減・営業管理の容易化）が立ち行かなくなると、法令遵守も含めてガバナンスが軽んじられ、大変なことが起こる可能性も高まります。やはり、製造業の品質向上のシステムを営業部門に応用した方が良いことに間違いはありません。

顧客満足度と従業員満足度を上げる

では、グループ・テクノロジーを、生み出すためにはどうしたらよいのでしょうか。

営業部門の品質向上である顧客満足度の向上はもちろんのこと、営業担当者や営業管理者、または統括責任者といった従業員満足度の向上も実現する体系的戦略が必要です。

皆様の組織は、創業25年ほどですか、または50年ほどでしょうか、あるいは100年を超えているでしょうか。いずれにせよ次の節目の周年を迎えることのできる、営業部門の持続可能なビジネスモデルを確立する戦略があればよいのです。しかし、現実には属人的であったり、保身的であったり、景気頼みであったりしていないでしょうか。それでは今後、立ち行かなくなり、顧客にもご迷惑をかけます。夢と希望が持てる、創造的な営業部門を早急に築き上げなければなりません。ぜひ、自身の将来に自信が持てる営業スキルを身につけて、事業が将来も躍進できる営業組織を創り上げ、顧客の人生や事業を幸せにするサービスを提供し続けてください。その役割を、本書をご覧になっている皆様に担っていただきたいと考えています。

営業部門のIE（生産工学）

ここで、営業部門のIE（Industrial Engineering：生産工学）について解説します。

これは、営業の活動と管理に生産工学として取り組み、組織全体に浸透させるということです。トップダウンの上意下達で実施します。一般的にトップダウンでは、営業担当者や営業管理者のコンフリクト（抵抗感）が生じやすいために困難と言われていますが、科学的かつ工学的に裏づけられた取り組みのため、現場のメンバーも納得感が得られ、抵抗感も最小限に抑えられます。

営業部門のＩＥとは、顧客づくり、人材づくり、体制づくり、組織づくりに対して、総合的かつ実践的に、体系的かつ持続的に、質と量を向上する生産工学のことです。

私は以前、当時の東京大学ものづくり経営研究センター長であった藤本隆宏教授（現・早稲田大学教授）の研究会に参加していました。研究会のとある日に、ＴＱＳＭ®について長時間に渡ったプレゼンテーションを行う機会をいただいたところ、私の発表を聴かれた藤本教授より、次のようなアドバイスを頂戴いたしました。

「この内容は、営業部門の生産性と品質向上を図るためのＩＥと考えるとよい。各種事業の営業現場で、実績も確実に上がっているようだから自信を持ちましょう」

それ以降、より確信を持ってＴＱＳＭ®を提供することができました。

また、生産工学として、上流工程であるサービス内容の「良い設計」だけではなく、それらを確実に機能させるための下流工程であるサービス設計情報の「良い流れ」も重要だということも教えていただきました。

良い流れとは、TQSM®ならば実践的なセールス・トレーニングのことを指しており、生産工学的なセールス・コンサルティングだけでは実績につながらないことも再認識しました。

日本のお家芸である製造業のトヨタ生産方式や総合的品質管理のTQMが、なぜ高い生産性と品質を誇るのかを理解できたと同時に、TQSM®の設計と流れに自信を持つことができました。

トップダウン以外の導入形式とは

さて、トップダウン以外の導入は可能なのでしょうか。たとえば成果の高い営業担当者の活動手法や実績の高い営業管理者の管理手法などをロールモデルとして横に展開する形式があります。しかし、この形式では、一部のハイパフォーマー人材の活動や管理の手法を、組織における2：6：2の法則でいう中間層の、6の人材と下位層の2の人材に対して適用できないことがほとんどでした。やはり、信念を持った経営トップ層のリーダーシップが必須なのです。

ロールモデルはスペシャルテクニック

ロールモデルという横展開の形式が、上手くいかないのはなぜでしょうか。それは優秀な人材のスペシャルテクニックでは、一般の人材に適用できないからです。製造業に当てはめれば想像がつくと思いますが、手先の器用な人材はごく一部です。

上位層の2割の人材でもトップレベルの1割にあたる人材の手法の横展開にはムリが生じます。また、頂点の人材は、自身の本当の強みについて理解ができていないことが多いため、秘訣を聞いてもわかりにくいことがとても多いのです。〝名選手は名監督にあらず〞の言葉どおりです。

たとえば、トヨタ車であれば誰が作ったプリウスでも安心して乗ることができます。常に安心してアクセルを踏み、ハンドルを切り、ブレーキをかけることができます。顧客づくりの営業も、誰にでも適用できる生産工学として教育をすることが必要です。

弊社の行うトレーニングでは、基本的にはトップダウンで実施します。その際、皆様の会社用、あるいは金融機関用に一部分のカスタマイズが必要となります。異なる業種・業態に適合させて、もともとあるＴＱＳＭ®に対して15％程度の新たなセッティングを施すわけです。

具体的に、どのようなことを行うかというと、事業の文化と市場戦略に合わせて、今までに育まれた企業理念、社内で使用されている専門用語、重要視されている管理数値などに置き換えます。それ以上をいたずらに変えてしまうと、生産性向上と品質向上は不可能となります。

改善活動によるボトムアップを図る

また、トップダウンで行う営業部門の生産工学戦略において、営業担当者と営業管理者は受け身でやらされていてはいけません。自主的に主体的に積極的に取り組むことが必要です。

私が製造業に従事していた頃、毎日が同じ作業であるにもかかわらずとても楽しかったのは、どうしたらもっと上手に加工できるか、もっと上手に組み立てられるかということを、常に探究して改善していたからにほかなりません。

それらは、営業活動と営業管理も同じであり、毎日同じように顧客づくりや人材づくりに取り組んでいるだけでは楽しくなくなり、やりがいや醍醐味を感じることができません。

どうしたら顧客にもっと感動していただけるか、どうしたら部下をもっと成長させられるのかを、創意工夫を施しながら探究することに楽しみを見出してください。また、営業活動と営業管理の改善に、積極的に取り組んでボトムアップを図ってください。そうすれば、皆様の各種事業に、さらに適合したスタンダードの型が創造できます。

ＴＱＳＭ®の４Ｓプログラム

ＴＱＳＭ®のプログラムは、製造業のＴＱＭをベースとしているため、製造業と同様の４つのＳのプログラムを順番に実施していきます。製造業に従事されていた方にはご存じの方も多いと思いますが、確認のためにも改めて記させていただきます。

まず「Simplification：単純化」を図り、次に「Standardization：標準化」を行い、

さらに「Speediness：スピード化」に着手し、最後に「Specialization：専門化」と、一歩ずつ確実に取り組んでいきます。そうしなければ、3ムダラリが生じます。

詳しく見ていきましょう。

まず「単純化」を図ります。製造部門であれば作業の単純化を極めることです。すべての作業を各作業員に任せて、好きなように加工させているわけではありません。作業の単純化を極め続けた結果、日本企業の製造したパーツは高い精度を有しています。ところが、営業部門では、営業活動について各営業担当者に任せてしまっています。

次に、「標準化」を行います。製造部門であれば組立の標準化を極めることです。これも、すべての組立を各組立工員に任せて、好きなように組み立てさせているのではありません。組立の標準化を極め続けた結果、日本のプロダクツは世界一の高い品質を有しています。一方、営業部門の場合は、営業管理について各営業管理者に委ねてしまっています。

さらに「スピード化」に着手します。製造部門では生産のスピード化を極めます。「とにかく急いで作って早く出荷しろ」などと叱咤しているわけではありません。

スピード化を極め続けた結果、世界中の製造業が模倣する生産体制が整っています。営業部門では、営業体制について営業管理者や統括責任者に任せてしまっています。「単純化」「標準化」「スピード化」を極めていると、そこで働く人材と組織は、一つずつは小さな成功体験かもしれませんが、それを多く積み重ねることができます。やがて、成功体験を重ねた人材と組織は、「専門化」のプロフェッショナルとなります。すなわち、生産性と品質の高い工場（Factory）が完成したということになります。営業部門においては、このような専門化へのプロセスが認識されていません。結果として、営業部門の全体において３ムダラリが発生してしまっています。

この４Ｓプログラムを、営業部門に向けて応用開発したのがＴＱＳＭ®となります。

2. 地域金融機関が近年に力を入れているものにソリューション提案がある。具体的には、創業コンサルティング、M&A、事業承継、相続対策、ビジネスマッチング、企業型確定拠出年金、公的助成活用、事業保険、経営コンサルティング、ITコンサルティング、プライベートバンク、人材紹介、海外ビジネスコンサルティングなど、これら役務を提供することで金利などの収入と異なるビジネス展開も目指している。

3. 2020年1月には、パナソニックホームズ、トヨタホーム、ミサワホーム、パナソニック建設エンジニアリング、松村組の全5社のホールディングス会社として、「プライム ライフ テクノロジーズ株式会社」が設立された。

第 3 章

TQSM®の構成と流れ

◆4Sプログラムは、「単純化」「標準化」「スピード化」「専門化」で構成されています。

◆4Sプログラムが、事業においてどの領域に作用するのかについても解説します。

営業活動の単純化プログラム

ここからは、ＴＱＳＭ®の設計全体に良い流れを与える、各プログラムについて解説していきます。

一番最初に着手する単純化では、営業担当者の「営業活動の単純化」を図ります。「営業活動の単純化」とは、ハイパフォーマーと呼ばれる実績の高い営業担当者に共通しているコンピテンシー（成果や実績が上がる特性）の教育育成を図ることです。これはどういうことかというと、たとえハイパフォーマーであっても一人の人間であり、

図　TQSM トレーニング

精神のムラや体調のムラ、あるいは顧客によって得手や不得手が生じるため、「営業活動の単純化」により、確実に成果を残せる営業スキルの教育育成を図ります。

また、若年担当者であれば経験を積んだ先輩方の知恵を、中堅担当者であれば正しい物差しを、ベテラン担当者であれば初心に帰る機会を授けることで、実績も高くなります。

さらに、採用内定者や現場に配属されていない新入社員、営業をやったことがない未経験者も、その業種において営業を行うのは初めての中途社員でも、教育育成が行き届きます。

ちなみに、「営業活動の単純化」の教育育成により、新入社員、未経験者、中途社員のそれぞれにおいて、入社1年目に全国約1000名規模の営業担当者の中でナンバーワンの実績を出し、後に営業管理者としてトップになっている方も多く存在します。

これは、あらゆる業種における営業活動のセオリーは同じであり、一つの業種において「営業活動の単純化」によりナンバーワンになった営業担当者は、移籍した企業や異なる業種でもナンバーワンになっているケースが多々あります。これらはどういうことかというと、「営業活動の単純化」を極め続けることによって確実に営業の生産性向上の実現ができるスキルが身につくからなのです。この内容については、「第4章　単純化プログラムの原理と原則」で詳しく説明します。

営業管理の標準化プログラム

2番目に着手する標準化では、営業管理者の「営業管理の標準化」を図ります。「営業管理の標準化」とは、時期も地域も部下も選ばす、常に実績が高いプロフェッショナル・マネジャーに共通する着実なマネジメント方法を、誰もが使えるように教育育成することです。

残念ながら、一般的な営業拠点では、各営業管理者によって指示が異なっています。そこへ新しく異動してきた営業管理者がまた違うことを言いだし、さらに統括責任者が入れ替わると営業管理者の言うことが再び変わり、現場は支障をきたします。そうなると、営業担当者は正論を述べることよりも、その組織の中で生き抜くことが中心となってしまい、顧客の方でなく上司の方ばかりを見るようになってしまいます。

これでは、営業担当者の混乱を招くだけでなく、顧客もついてきません。正しいことを考えて行なっている営業担当者は、評価されずに去っていきます。

なぜこのようなことになるのかというと、営業管理者にはそれぞれ独自のやり方があり、その独自のやり方を部下に強要するか、あるいは部下に無頓着でやり方を教えないか、または自身の武勇伝だけを話し続けて精神論を押しつけるかのいずれかだからです。

製造業の場合には、本社工場であろうと、郊外工場であろうと、地方工場であろうと、海外工場であろうと、ライン長と工場長の言うことは、方言や言語は違っても指導は同じです。

また場所だけではなく、時が流れて時代が変わっても、不変かつ恒久的なやり方を伝承していくため、改善が積み重なり、生産性と品質向上が永遠に続いていきます。

これらは、「営業管理の標準化」を極め続けることで、改善を継続することができます。この内容については、「第5章　標準化プログラムの原理と原則」で詳しく説明します。

営業体制のスピード化プログラム

3番目に着手するスピード化では、「営業体制のスピード化」を図ります。「営業体制のスピード化」とは、各種営業ツールと営業支援システム（CRM・SFA）により高度の生産体制と品質管理につなげる仕組みを構築して、スピード化を推し進めることです。

強い組織は生産性向上ツールを使用する

皆様の組織にも、ペーパーもしくはタブレット内に、各種営業ツール（行動管理表や顧客管理表などの営業帳票類）があると思いますが、そういう各種営業ツールに関して営業担当者や管理者には、それを使っている人と使っていない人が存在します。

使っている人の実績が高いかというとそうでもなく、単に几帳面な人かもしれません。「提出しなさい」と言った時だけ提出する営業担当者や管理者もいることでしょう。なぜこのように、各種営業ツールを使用する人とそうでない人がいるのでしょうか。

その理由は、それらの各種営業ツールが効果的ではなく成果が上がらないからです。たとえば、強豪野球チームの選手たちの野球の道具であれば、打てるバット、走れるスパイク、捕れるグローブなどをチーム全員が競い合って使っているに違いありません。バットの長さやスパイクのサイズは異なるかもしれませんが、目的に合った良い道具を使っています。製造業においても、使える工具や正しい治具は世界各国の工場で重宝されています。

それと同様に、営業部門においても効果的な生産性向上ツールが必要です。弊社は、各種事業用の生産性向上ツールを開発し、常にバージョンアップして提供しています。

強い組織は営業支援システムを活用する

多くの企業や金融機関は、営業支援のCRM・SFAシステムを導入されています。各種営業ツールと同様に、それに入力している人とそうではない人が存在します。しかし、入力していない人の実績が低いかというと、逆に実績が高い人の方が多いくらいです。それは、その営業支援システムが、効率的ではなく実績にもつながらないからです。

効率的ではなく実績につながらない理由は現在、普及または更改されているCRM・SFAのシステムとは、あくまでも顧客管理用や営業管理用のシステムであり、実績を上げることに対して直結していない数字や履歴も入力しなければならない管理用のシステムだからです。これでは、実績につながりません。そもそも誰も閲覧していないのであればそれこそ無用の長物です。

どうすればよいかというと、弊社では、営業担当者と営業管理者にとって、営業本部に一番知られたくないような重要なプロセスの数値と情報に絞って入力させるように助言しています。そのためにも、営業活動や営業管理を生産工学としてとらえると、それに該当するプロセスの数値や情報とは何なのかがわかります。それらを入力、管理することで、目に見える成果や実績が現れてきます。そのうえで、前項の各種営業ツールと営業支援システムを連動させるとスピード化が図れます。

戦略的に営業生産性向上システムを投入する

著者として本音を言うと、営業部門の生産性と品質の向上に向けて腰を据えて長期戦で臨むのであれば、営業部門の生産性向上を図るシステムを戦略的に投入することが必須です。そこで、弊社がそういった課題にどういう解決策を講じているのか。「営業部門の生産工学戦略」の無限の可能性を伝える事例を紹介します。

日本の強みは現実的な現場力であり、欧米の強みは仮想的な仕組み（システム）です。それらの強みをかけ合わせた、営業部門の生産性向上を実現できるシステムが必要です。そこで、ＣＲＭ・ＳＦＡシステムに営業部門の生産性向上と品質向上の機能を搭載した、世界初の営業生産性向上システムである「TQSM NAVI®（SPISS®：Sales Productivity Improvement Support System）」を、「日本システム技術株式会社」と共同で開発しています。まずは、金融機関専用のシステムを２０２２年４月にリリースしました。以降、各種の事業専用の営業生産性向上支援システムを順次、リリースしていきます。

営業部門の持続可能なビジネスモデルの確立

弊社が、営業部門の生産性と品質の向上を野球にたとえた解説が多い理由は、数あるスポーツの中でもベースボールという種目はそのルールブックの総ページ数が約200ページにもおよんでおり、ルールがとても多い複雑なスポーツだからです。たとえば、テニスなどの種目であれば、その約10分の1にあたる約20ページ相当です。

その複雑な野球では、1ゲームでの勝利だけではなく、1シーズンを通して継続的に勝たなければなりません。シーズンを制するためには、統計的かつ頭脳的な戦略が必要であり、身体的能力や古典的練習だけが勝敗を分けるわけではありません。また、チームプレイの良し悪しも勝敗の行方を握っており、有名チームが勝つとは限らないおもしろさも手伝い、高校野球や社会人野球も含めて野球人口が多いのも特徴です。

それらの理由から、TQSM®システムにはスコアボードのイラストを使っています。野球のスコアブックには、1ゲームごとの投手の球種、打者の打率、守備の捕球、走者の走塁など細かく記録してあります。このさまざまな各データを集めて分析することで、自チームと相手チームの特徴と傾向を把握して戦略的な対策を講じることが可能です。

日本のプロ野球選手たちが海外のメジャーリーグで大活躍している理由は、日本特有の統計的かつ頭脳的なデータ野球に少年時代から馴れ親しんでいるためと考えます。加えて彼らは、移籍した直後から活躍できる適応力や瞬発力もすでに備わっています。前項の営業生産性向上システムも、異動した直後に実績の上がるしかけが備わっています。

すなわち、営業部門における生産性と品質の向上も、これらのデータ野球と同様に、決して営業担当者の資質に委ねたり、営業管理者の裁量に任せたりするのではなく、1年間の通期営業実績や、あるいは3年間の中期経営計画を制するための戦略が必要です。

あくまでも「営業部門の生産工学戦略」が唯一の持続可能なビジネスモデルと考えて、その環境下で人材成長と組織強化を成し遂げた企業や金融機関だけが勝ち残ると肝に銘じてください。

営業戦略の専門化プログラム

最後である4番目に着手する専門化では、「営業戦略の専門化」を図ります。「営業戦略の専門化」とは、各種企業や金融機関が組織一丸で取り組むことにより、組織内コミュニケーションの活発化と、対顧客リレーションシップの活性化を実現することです。

営業戦略は原点に回帰する必要がある

通常の営業戦略といえば、各種企業ならば新製品や新商品に頼る、または値引きやキャンペーンに頼る、最終的には景気や市場に頼るなどの戦略が多くを占めています。これを金融機関に置き換えると、新しい金融商品と低金利や好条件に頼るなどが相当します。人材成長と組織強化が目に見えないことには、消耗戦で戦っているのと同じことです。

そこで、営業戦略の原点に立ち返り、営業担当者における営業力の基礎筋力と、営業管理者における管理力の基礎体力を増強し、真の実力を培うことが王道です。

それが実現できれば、営業に肩肘を張らなくとも、成果と実績が常に安定してくるため、各顧客における短期的なニーズに耳を澄まし、中期的なウォンツに目を凝らし、長期的なビジョンに手を取り合い、営業チームの営業担当者と営業管理者が協力して顧客のお困りごとやお望みごと、夢の実現のお役立ちに向けて注力できるようになります。すると、顧客満足度と従業員満足度が上がって、営業職の地位向上も可能となります。

組織内コミュニケーションの活発化を図る

営業活動の生産性向上を実現する総合的かつ実践的な取り組みにより、営業担当者と営業管理者との組織内のコミュニケーションを活発化することができます。

野球にたとえるなら、ルールブック、ユニフォーム、スタジアムなどを用意すると、どうしたら上手く打てるだろうか、どうしたら上手く走れるだろうかなど、プレイヤーとキャプテンと監督が、コミュニケーションを活発に取るようになります。

営業チームであれば、営業チームの営業管理者が各営業担当者に対して、行動前に指示を出したり、成果の上がらなかった行動後にアドバイスを行なったりして、各顧客に関する会話が格段に増えて、組織内のコミュニケーションが自ずと最大化します。

現在、各世代間におけるジェネレーション・ギャップも激しく生じている時代ですが、各世代の会話が噛み合わないことも解消されて、チームが常に円陣を組んだ状態となれば、各営業担当者の成果や実績も連携し、チームプレイも自ずと多くなってきます。

対顧客リレーションシップの活性化を図る

この、顧客満足度と従業員満足度の向上を実現する体系的で創造的な取り組みを推し進めることで、顕在顧客や潜在顧客に対するリレーションシップ（信頼関係構築）も最大化できるようになってきます。

野球にたとえるならば、チームのコミュニケーションが活発化して成果が上がると、活躍したプレイヤーと牽引したキャプテンと指導した監督とファンが互いにたたえ合い、胴上げされて、リレーションシップ、すなわち、信頼関係をさらに深め合うことができます。

営業チームなら、成果を上げた営業担当者と同行を行なった営業管理者がたたえ合い、新たに取引が始まった新規顧客と日頃お世話になっている既存顧客から感謝されて、営業地域内に存在しているさまざまな顧客とのリレーションシップが自ずと最大化します。

このように、営業組織と地域顧客との信頼関係が構築されると、営業管理者は営業担当者を信頼できるようになり、営業担当者は地域顧客を信頼できるようになり、付加価値が高まり、ブランド力も向上し、地域に敬愛されて必要とされる営業組織として認知されます。

4Sはそれぞれ誰が担うのか

それでは、4Sについて、それぞれ誰が担うのかという点からみていきましょう。「専門化プログラム」である組織づくりは、企業全体を挙げて取り組んでください。一部の営業担当者や営業管理者だけでなく、経営層を含めた組織全員です。また、営業部門の生産性と品質が向上すると、他部署の生産性と品質も問われるため、可能であれば営業部門以外の関係部署も含めて取り組むと絶大な効果を発揮します。「スピード化プログラム」である体制づくりは、営業本部が担ってください。各種営業ツールを提供して営業支援システムと連動させ、営業担当者と管理者を教育育成するのは営業本部です。

また、その際に営業本部が各営業拠点の声に翻弄されて迎合するようではいけません。営業本部が常にイニシアチブを取って全営業拠点をリードしていく体制が必要です。そうすると、営業担当者や管理者たちも営業本部の要求を受け入れてくれるようになります。

「標準化プログラム」である人材づくりは、営業管理者だけが取り組めばよいわけではありません。なぜかというと、営業管理者は早ければあと10年で、遅くともあと15年も経てば定年に達したり、それより上の立場になる可能性が高いからです。

これらのマネジメントの教育育成については、現在の営業管理者に加えて営業担当者にも、いまのうちから実施する必要があります。そうすると、次期の管理者となる候補者が洗いだされて、互いに切磋琢磨し競い合います。営業管理者の選択の幅が広がることでフリー・エージェント（ＦＡ）制度と同様に、控えの選手も備えておくことができます。控えの選手を備えると、競争原理が働いて営業管理者と担当者の水準が急上昇します。

「単純化プログラム」である顧客づくりは、こちらも営業担当者だけではだめです。現在の営業管理者の中には、就職難の時代に採用されて、誰にも教えられず、自らの実力だけで生き残り、成果と実績を上げ続けてきた孤独な戦士たちが多いという傾向があります。彼らは自身のことだけで精一杯であり、自身の部下たちに対する指示指導や、ＯＪＴを行う時間も精神の余裕もなく、本来の役割であるマネジメントを行なっていません。

言い換えるならば、彼らは自身の営業活動そのものにいまだ自信が備わっていないことも多いのです。だからこそ、彼ら営業管理者に対してリスキリング、すなわち営業活動の総仕上げとともに学び直しの機会を与える必要があるのです。そうすることで、彼ら営業管理者たちは、自らの営業活動にゆるぎない自信を持つことができて、自身の本来の役割である部下たちに対する日々のマネジメントからＯＪＴまで、自信と余裕を持って取り組めるようになります。

これら４つのプログラムの理解を深め、それぞれの役割を認識することが必要です。

4Sプログラムにおける質向上と量増大

ＴＱＳＭ®全体を通して、第３章冒頭に示した図表上段の「効果的商談」「プロセス・マネジメント」「ＴＱＳＭ®ツール」「セールス・サイエンス®」は、営業の質向上に関するテーマとなります。

また、同表下段の「効率的行動」「プロセス・インジケーター」「ＴＱＳＭ®システム」「セールス・テクノロジー®」については、営業の量増大に関するテーマとなっています。それぞれのプログラムを縦に見ると、営業部門の質と量のバランスがとれています。

「単純化プログラム」「標準化プログラム」「スピード化プログラム」「専門化プログラム」の4Sプログラムは、質向上と量増大の均衡を保って取り組んでください。どちらか片方だけでは、効果どころか実績にもつながらず徒労に終わってしまいます。

商品知識だけを詰めこんだ、行動基準だけを変えた、KPI（重要業績評価指標）だけを可視化した、マネジメント方法だけを決めた、業務フローだけを改めた、営業支援システムだけを導入したなど、いずれもありがちなことですが、こうした偏ったケースが後を絶ちません。

あくまでも、4Sプログラムは、質向上と量増大のバランスを保ちながら総合的に取り組むと営業の生産性と品質向上を実現することができます。

第 4 章

単純化プログラムの原理と原則

◆本章では、ＴＱＳＭ®を理解するうえで重要な営業活動のメソッドについて解説します。

◆また、営業活動のメソッドが、どのような機能をもつのかについても説明します。

◆この「単純化」については、「効果的商談」と「効率的行動」で構成されています。

「効果的商談（打率）」による工程管理

ここからは、営業担当者における「営業活動の単純化」について解説していきます。

また、第3章冒頭に掲げたＴＱＳＭ®の図にある単純化プログラムの上段には、「効果的商談（Effective Sales）」と表示していますが、最初に取り組むのは「営業活動の質」で、「営業活動の量」はその後に取り組みます。

なぜ「営業活動の量」を後まわしにするのかというと、先に取り組んでしまうと、営業担当者の抵抗感が生じやすいだけでなく、顧客にご迷惑をかけてしまうからです。

「効果的商談」というタイトルについては、各種企業や金融機関によって、「効果的接客」でも、「効果的面談」でも、「効果的提案」でも、「効果的折衝」でも、とにかく商談の歩留まりを上げることであり、野球にたとえると打率を上げることに相当します。

以前であれば、大口の案件が急に舞いこんだり、良好な顧客が不意に訪れたりすることもあり得ました。誰でもホームランやツーベースヒットを容易に打つことができた時代があったのです。接客や面談や提案や折衝や商談などのバッターボックスにさえ立てばよかったのです。もしくは、バッターボックスである営業拠点を構えたり、事業を起こせばかなりの確率で成功できたのです。

現在は、実績を上げることが難しい成熟した市場や複雑な市場が拡がっています。競合参入の激化、情報過多の時代を迎え、顧客から簡単に成約がもらえない状況です。野球でいえば、内角低めや外角低め、あるいはスプリットやチェンジアップなどのむずかしいボールしか飛んで来ないのです。これに対して営業担当者はどう対応したらよいかというと、単なるヒットでよいのです。いや、単なるバントでもよいのです。

たった1厘の成果向上につながる面談や提案を営業チーム全員で積み重ねていると、1分上がります。数チームが集まる各ブロック単位で実施していると、1割上がります。営業部門全体で行なっていると、おおよそ2倍の効果が上がることがわかっています。

そして、この教育育成は、通常は1カ月目に行うTQSM®トレーニングで仕上げていきます。たとえば、100名の営業担当者がいたら、200名で働いたのと同様の効果が出ます。

それでは、どうやって打率を上げるのかというと、各工程に分けて考えるのです。すなわち、製造業でいう工程管理を行うことで、面談や提案の効果の向上を図ります。

さらには、法人顧客か個人顧客、新規顧客か既存顧客という属性の違いで4つの属性に区分できます。それらの顧客に対して初動から成約にたどりつくまで何工程になるでしょうか。営業部門の管理者の方々にその工程数を問うと、3種類ほどの答えが返ってきます。

一つめに「ケースバイケース」と答える方がいますが、その部下たちは混乱します。

二つめは「多ければ多いほどいい」、要は足で稼ぐことが大切であり、工程に分けること自体がおかしいと憤慨する方もいらっしゃいますが、その部下たちは疲弊します。

さらに三つめですが、高実績の営業拠点の管理者に尋ねると、「決定権を持っている顧客が商談に出てくれれば、私は一回で決められるので1工程だ」とおっしゃいます。こう答えた営業管理者の部下たちは、「あんなふうにはできない」と狼狽します。すなわち、迷ってしまうか、疲れてしまうか、腰がひけてしまうかで、いずれの場合も成果や実績につながりません。

全7ステージの面談提案スキル

成約にたどりつくまでの工程数は、ネットショッピングならば、検索↓閲覧↓比較↓登録↓購入の5工程くらいであり、コンビニエンスストアであれば、認知↓入店↓探品↓併買↓購入の5工程くらいであることは、皆様もご理解いただけるかと思います。

さて、営業担当者が介在している事業である、高い付加価値の商品やサービスを提供する事業、または高い金額の商品や製品を取り扱う事業、あるいは長い期間をかけて質の高い商品やサービスを提供し続けている事業では、成約にたどりつくまでの工程数はいくつなのでしょうか。これらの工程をきちんと分けて、正確に教育成することが必要となります。

各顧客の属性についても、前述のように法人顧客や個人顧客に加えて新規顧客や既存顧客などもあるため、すべての属性に共通する工程数を知っておかなければなりません。

弊社の長年にわたる探究と実証の結果では、その工程数は全７ステージです。すなわち「効果的商談」とは、全７ステージの面談と提案と折衝のスキルとなります。

７ステージの各パターン数

また、７ステージにおいて、それぞれに数種類のパターンが発生します。各顧客の反応や言動ごとに区分できたり、または各顧客の年代や性別ごとに区分したり、さまざまなパターンをあらかじめ備えておくことで、高い成果につなげていきます。これらをステージごとに説明していきます。

ステージ０は「心構え」です。製造部門の心構えであれば「整理・整頓・清掃・清潔・躾《しつけ》」の五つであり、営業部門の心構えは「礼儀作法」に相当します。そのパターン数は全４パターンであり、「全顧客を魅了すること」を目指していきます。

ステージ１は「第一印象を上げる」です。どうやって第一印象を上げるかということ、「コンピテンシーモデル（成果を上げる特性を持つ人材）」を手本とすることです。

パターン数は全10パターンであり、「全顧客の第一印象を上げること」を目指します。

ステージ2は「警戒心を解く」です。第一印象を上げた後に、顧客に警戒心を解いていただく必要があり、対男性と対女性、さらに年代別に区分して備えておきます。そのパターン数は全8パターンであり、「全顧客の警戒心を解くこと」を目指します。

ステージ3は「感性へ訴求する」です。単に販売している商品や提供しているサービスの説明に終始するのではなく、顧客に高い付加価値を理解していただくことです。そのパターン数は全4パターンであり、「全顧客をファン化すること」を目指します。

ステージ4は「ヒアリング&アナウンス」です。顧客にヒアリングとアナウンスを行なって単なる顧客リストのままではなく、確度の高い見込顧客を創出しなければなりません。そのパターン数は全6パターンであり、「全顧客を見込案件化すること」を目指します。

ステージ5は「課題解決へと導く」です。顧客ごとの各課題を解決させていただき、お困りごとやお望みごとや夢の実現へと導き、顧客の期待以上のお役立ちを行うことです。パターン数は全10パターンであり、「全顧客の各課題を解決すること」を目指します。

最後のステージ6は「ご決断を支援する」です。最終的な局面を迎えると、顧客が決断や方針を示さねばならない苦しい境遇に置かれるため、伴走する姿勢をとります。そのパターン数は全5パターンであり、「全顧客に合意していただくこと」を目指します。

もちろん、これらの各種パターンについては、各種企業や金融機関によって、理念も用語も数値も異なるため、弊社では、各種事業で実証された汎用型を取りそろえています。

基本はすべて同じフレームワークであり、そのセオリーには共通項が多いのも特徴です。

効果的商談のトレーニング方法

これらの、全7ステージの各種パターンをどうやってマスターしてもらうのかというと、誰もが小学生の時に九九を覚えたように、体で反応できるよう全パターンを体得してもらいます。要するに、バッティングセンターでバットにボールを当てる練習をするように単に繰り返して行うのと同じことです。

まず、全7ステージの各パターンを、できるだけわかりやすくまとめたスライドを使用し、目と耳と指と頭と心の五感を働かせる教育育成を営業部門の全員に対して実施します。

次に、それら全パターンを効果測定テストに落とし込んで、各営業チームの全員が合格基準点に達するまで、学生時代の傾向対策の模試に臨むときと同じように学習し、習得していきます。

そして、全7ステージの各パターンに対するロールプレイングを繰り返し行なって、あらゆるシーンに適切に落ちついて対応できるよう、全パターンを身に纏《まと》うようなレベルに仕上げます。

トレーニングの効果と効用

これらのトレーニングにより、新人や若手の担当者には、面談提案に関する高度なスキルが身につき、中堅の担当者には正しい物差しが身につき、ベテランの担当者は初心に帰ることができます。加えて、これまで営業の経験がない他の部署から転属した不慣れな営業担当者でも、これまでまったく成績が振るわなかった不振担当者でも、成果を残せるようになります。

また、その際の副産物は、各営業チームの控えのベンチ内の選手たちが想定よりも高い成果や実績を残すことで、チーム内の他の全員が元来の実力をさらに発揮します。

すると、営業チームの全員が、毎回の接客、面談、提案、折衝の商談ごとに、カンカンとバットにあてることができ、小さな成功体験を積み重ねていくようになります。

それらを継続していると、営業チーム内のモチベーションが高まり、よい風土が醸成されて、やがては大きな成功体験を積むこともできるようになり、面談や提案に自信が持てるようになります。

これらの営業チーム内の活気は、市場にも皆様が想像するよりも早く伝播していき、より多くの顧客に元気と活力を提供することができます。それにより、ブランド力もスパイラルに向上していきます。

「効率的行動（出塁率）」による生産管理

図の単純化プログラムの下段には、「効率的行動（Efficient Action）」と表示しています。

「効率的行動」というタイトルについては、各種企業や金融機関によって、「効率的計画」でも「効率的活動」でも、「効果的商談」で増大した仕掛かり中の商談を少しでも減らすことであり、野球ならば出塁率を上げることに相当します。

いくらバットに当てる打率を上げるための腕っぷしが鍛えられても、それだけでは不十分であり、その成果を確実に実績として獲得するには、出塁率を上げるために足腰を鍛えておかなければ、顧客に対して貢献できません。

すなわち、質向上のメソッドである「効果的商談」の打率を上げるだけではなく、量増大のメソッドである「効率的行動」の出塁率を上げることも必要となってきます。要するに、行動量を上げて、さらにはそのムラをなくすにどうすればよいのかです。

そのためには、稼働時間を管理することが必要となります。これらは製造業でいうところの生産管理に相当します。もちろん、リードタイム(所要時間や所要期間)の短縮にもつながります。余剰時間を増やすことも可能となるので、時間的に余裕が生まれます。

また、余剰時間が増えると、その空いた時間を新規顧客への面談時間に充当したり、あるいは進行中の既存顧客に対する商談時間を長くすることができるようになります。そうなってくると、より多くの新規や既存の顧客に対して、営業する側の付加価値を提供する時間も増えるため、自ずと成約率や満足度の上昇も含めて品質向上も果たせます。

製造業であれば、1年で稼働日は何日間あるのか、1カ月では何時間あるのか、1週間では何分間あるのか、1日では何秒間あるのか、このようなところまで詰めて考えます。営業部門の場合も、出勤カレンダーを見ながら、そこからさらに公休日を引いて、祝祭日を引いて、長期休暇を引いて、年次休暇を引いてと、その日数を引いていきます。そこに残った1週間あたりの平均稼働時間を割り出すと、わずかな時間しか残っていません。

それにもかかわらず、各種企業や金融機関は、各営業担当者における1週間の時間管理を、各担当者や各管理者に任せたきり、生産管理をしようとはしていません。

なぜ弊社が1週間単位で生産管理のことを考えているのかというと、営業の現場は営業拠点内だけではなく、営業担当者は営業エリア内のフィールドで活動しており、さらに営業対象は顧客という人間であり、多少の時間調整が必要となるためです。

1日単位で調整しようとしても、果たすことができないことが多く、1カ月単位の月末時に挽回しようとしても、すでに手遅れとなってしまうからです。

だからこそ、1週間単位による「効率的行動」の週間スケジュールを前週末に緻密に計画（デザイン）してもらい、それにしたがった行動を毎日正確に遂行（トレース）させることで、1週間あたりの行動量と顧客に対する価値提供の時間を最大化させます。

このように営業部門全体で取り組むと、効率が、おおよそ1・5倍上がることがわかっており、この教育育成の時期は、通常は2カ月目に実施するTQSM®トレーニングで仕上げていきます。たとえば、100名の営業担当者が存在するなら、

150名で働いたのと同じ行動量です。

ということは、前項の「効果的商談」の打率は2倍であり、この「効率的行動」の出塁率は1・5倍であるため、二つをかけ合わせたものは安打数に相当し、それが3倍ということになります。

つまり、担当者が100名いるなら、300名で働いたのと同じ成果がだせるようになるということです。

全15コンディションの計画行動スキル

いわゆる、ハイパフォーマーと呼ばれるトップセールスの実績を挙げ続ける人材は、わずか1週間程度の短い期間の営業活動だったとしても、高いプロセス成果や成約売上実績などを挙げてしまうので、営業活動の後にすぐに作成しなければならないような調査資料や提案書類、稟議書や契約書に人一倍取り組まなければなりません。

その際に、それらのハイパフォーマーたちは、書類を作成することなどに決して偏らぬように、守備となる事務作業だけではなく、攻撃となるの営業活動の量を維持することに専念します。

そうすることで、活動した当週だけではなく、その翌週や翌々週のことも考えて、あるいは次月や次々月のこと、もっと言えば本年度や次年度のことまでも見通して、プロセス成果や成約売上実績などを挙げる前のアポイント取得や案件情報取得などの成果に神経を尖らせて、事務作業との同時進行形で最低限度の営業活動量を維持していきます。

その最低限度の行動量を担保するための制約条件を、営業担当者の週間計画に課することで、攻撃も守備もバランス良くこなし、コンスタントにプロセス成果を挙げていきます。

また、「効果的商談」の打率は、各営業担当者の差異が比較的少ない傾向ですが、「効率的行動」の出塁率には人によって大きな格差が生じます。逆手にとれば、各営業担当者本人やその管理者の意志によって、自在にコントロールすることができます。

その際に必要となるのが、週間スケジュールにおける計画行動方法の制約条件です。弊社の探究と実証に基づくと、計画行動のスキルは全15コンディションであり、これを身につければ、たとえ新人であろうと、配属された翌週からハイパフォーマーと同様の行動量が確保できます。

前項でも伝えたとおり、これらの制約条件は、各種企業や金融機関によって、就業時間や休日が異なるので、弊社では各種事業で実証された汎用型を取りそろえています。

10ルール&3チェック&2ポイント

全15コンディションの制約条件の詳細は、10ルールと3チェックと2ポイントの3つの過程に区分されており、各過程を経て立案することで効率が上がってきます。その過程とは、前々項に記した前週末時にスケジュールを立案する手順のことです。

最初の「10ルール」とは、計画立案におけるタイム・プランニングの過程であり、前週末の時点ですでに入っているすべての営業活動と事務作業などを考慮し、効率的に並び変えて再整列させます。

そうすると、翌週に行うすべての予定を圧縮し、余剰時間を絞り出すことができるため、精神的にも身体的にも余裕が生まれて翌週をポジティブに迎えられるようになります。

次なる「3チェック」とは、成果増大におけるセルフ・マネジメントの過程であり、絞り出した余剰時間を、面談や提案などの顧客へ付加価値を提供する時間に充当します。

そうすると、重要中間指標であるプロセス成果がコンスタントに挙げられるので、実施中の面談と進行中の提案や成約後の対応も含めて注力することができるようになります。

仕上げの「2ポイント」とは、実績向上におけるチーム・コンセンサスの過程であり、プロセス成果をコンスタントに挙げられるよう、各チーム内で確認作業を実施します。

こうすると、営業担当者は営業管理者と翌週の計画行動についてある種の契約を結んだことになり、営業管理者はその計画行動を成果や実績につなげる支援を全うできるようになります。

効率的行動のトレーニング方法

これらの、全15コンディションの制約条件をどうやってマスターさせるのかというと、製造業に「段取八分」という言葉があるように、計画の立案段階から教育育成することです。短距離の瞬発力も長距離の持久力もグラウンド入場前にウォームアップさせるのです。

まず、計画立案の10ルールにより、営業担当者の全員に翌週の週間スケジュールを立案してもらい、営業活動や事務作業などを含めて再整列させることに取り組んでもらいます。

次に、成果増大の3チェックにより、営業担当者が10ルールで捻出した余剰時間を、面談や提案などの各顧客に対する付加価値を提供する時間に充当させるようにします。

そして、実績向上の2ポイントにより、営業担当者と営業管理者の間で翌週のプロセス成果を確実に挙げるための各チーム内による確認作業を実施してもらいます。

また、全営業部門で、各営業担当者が立案した週間スケジュールを公開して、誰のここが良いとか、ここを改善してみようなど、効率化の探究活動を積み重ねてもらいます。

トレーニングの効果と効用

新人や若手の担当者には効率的に時間を活用するスキルが身につき、中堅の担当者には正しい行動が身につき、ベテランの担当者は成果を担保することができます。

また、営業経験のない担当者、他部署から転属した担当者、実績が不振の担当者も、ハイパフォーマー同様のスケジュールで活動ができ、自信が持てるようになります。

こと、営業管理者においては、各営業担当者が営業拠点に戻ってきた際、あるいは一つの面談や提案を終えるごとに、ヒアリングやアドバイスができるようになります。

すると、営業チーム全員が、毎回の接客、面談、提案、折衝の商談を終えるごとに、営業管理者に対して営業担当者の方からも、相談・連絡・報告があるようになります。

それを継続していると、営業担当者間の正しい競争原理が機能し、やがて担当者の誰かがたった一つの小さい成果を挙げるだけで、チーム全員で祝福できるようになります。

長い道程の成約時や、クレームを乗り越えた末の成約時だけでなく、営業担当者が奮闘した末に成約に至らなかった際にも、チーム全員で励まし合う仲間意識が醸成できます。

第 5 章

標準化プログラムの原理と原則

◆本章では、ＴＱＳＭ®を理解するうえで重要な営業管理のメソッドについて解説します。

◆また、営業管理のメソッドが、どのような機能を持つのかについても説明します。

◆この「標準化」は、「プロセス・インジケーター」と「プロセス・マネジメント」で構成されています。

◆その他、「リード・コントロール」や「営業生産性向上の留意点」についても説明します。

「プロセス・インジケーター（進塁率）」によるジャストインタイム方式

ここからは、営業管理者における「営業管理の標準化」について解説していきます。

ＴＱＳＭ®の図にある標準化プログラムの下段に、「プロセス・インジケーター（Process Indicator）」と表示していますが、「営業管理の量」が先で「営業管理の質」はその後に取り組みます。

なぜ「営業管理の量」に先に取り組むのかというと、もし後まわしにしてしまうと、営業担当者の中間成果を労《ねぎら》えないだけでなく、実績がコントロールできないからです。

この「プロセス・インジケーター」とは、一般的には重要経営指標などと呼ばれるＫＰＩに相当しますが、それらと大きく異なっている点は、単純に実績に結実する事前段階の指標となる各重要中間指標を計測するだけではなく、その重要なプロセス成果の各重要中間数値を向上させる取り組みであることです。

しかも、その重要なプロセス成果となる中間数値とは、各種企業や金融機関の経営層や営業本部側が管理したい数値ではなく、各営業拠点における営業管理者が計測されたくない数値を指します。すなわち各営業管理者の実力を示している実績に直結する数値に絞って計測させることで、現在の課題を明確にすることが肝心なのです。

これは野球であれば進塁率を上げることに相当し、ホームベースの直前である3塁に加えて、その前の2塁も、さらにその前の1塁も含めて常に満塁にしなければなりません。

ところが、企業や金融機関で多いケースは、期末である3月度や9月度の実績は良いが4月度と10月度実績は良くない、または6月度や12月度はまあまあ良いがゴールデンウィークの5月度、夏期休暇明けの8月度、冬期休暇明けの1月度、稼働日の少ない2月度は毎年実績が傾いてしまうなど、実に1年間における6カ月間も実績の振るわない月が毎期発生しているにも関わらず、手を打とうとしていないことです。

そうなる理由は、自身の評価が気になり、成約前の3塁ばかりを気にしているからです。そうではなく、1塁も2塁も3塁も、全塁とも常に埋まるようにしなければなりません。そうやって半期や通期の勝利を見据えて頭脳的に取り組むと、試合に勝つことができます。

ではどうすればよいのかというと、製造業のジャストインタイム方式を採用します。言い換えるのであれば、製造業における限量生産のことであり、わかりやすく表現すると、必要な物を必要な時に必要な量だけ確実に生産するというジャストインタイムの管理方式として定着しているものです。

ここで少し気に留めておかねばならないことは、営業部門の顧客づくりにおいては、製造業のモノづくりと違って営業担当者の対象となるのは顧客という人間である以上、ジャストインタイムといっても多少の余裕を持って、少し早めに、少し多めにつくっておかなければならない点です。

また、「プロセス・インジケーター」における重要なプロセス成果を可視化する際は、中間成果（アポ取得数や案件取得数など）の量に的を絞り、まずはその増大化に取り組むことを先行させてください。その理由は、先に質の向上である確率の向上に取り組んでしまうと、成功することに執着するあまり、失敗することを恐れてしまい、その後に量を増やすことには挑めなくなるケースが多いためです。特に、営業担当者や営業管理者の労働負担や残業時間を減らすために、ありがちな判断のため、経営層や営業本部側の注意が必要です。

だからこそ、まずは量を増大してから質の向上である確率の向上に取り組むことで、失敗を恐れない組織人材となったのちに、効率化を図ることが望ましいと考えます。弊社は、量の増大を実現した後、質の向上である確率の向上に取り組んでいただくようにしており、それを実現することをスマートスタイルと称して、各クライアントに推奨しています。

スマートスタイルは、営業活動がスマートになるだけでなく、顧客のお困りごとやお望みごとや夢の実現に、より精度高くお役立ちができるようになると考えています。

それを踏まえ、営業管理者は「営業のジャストインタイム方式」でＫＰＩの数値管理を行います。すると営業活動のプロセス成果であるＫＰＩを、精度高く増大することができます。

ＫＰＩにおける最終ゴールの設定

まず初めに、皆様の企業や金融機関に確実にフィットした重要中間指標であるプロセス成果の件数を、適正な数値で設定することから着手していきます。

それにあたって重要なことは、それぞれのプロセス成果が最終的に目指しているゴール、すなわち重要最終実績となる目標数値を決定することです。これが一番最初の仕事となります。

実績に結実する前段階の重要中間数値となるプロセス成果を計測するだけではなく、そのプロセス成果を向上させる取り組みが重要であることは、先に述べたとおりです。

ところで、皆様の組織では、ここ数年間の売上額や利益額は月間当たり平均いくらくらいでしょうか。ただし私がお聞きしたいのは、平均金額ではなく、それを平均件数に直した数値の方です。もちろん、営業活動を何もしていなくても、自動的に入ってくるストック・ビジネスなどの成果件数は加えずに算出することが必要です。

製造業であれば、個数や台数や棟数やロット数などの出荷数で計上するのが当然となりますが、営業部門では、受注額や契約額や売上額や利益額などの金額で計上してしまうために、大型案件や大口取引に固執してしまい、売上額や利益額を安定させることができません。

そうやって、ここ数年間の組織全体における営業担当者1人当たりの成約件数が月何件になっているかを平均値あるいは中央値で算出してください。もちろん、そこで算出された数値が最終ゴールとはなりません。それはあくまでも現在の実績件数であり、ゴールはそれよりも高い数値で設定しなければなりません。

この数値は、高すぎるとそこに届かないだけでなく、現場にコンフリクトが生じやすく、低すぎるとセールスとマネジメントにおける負荷が軽く、実績向上のトレーニングにはなりません。

弊社は、各種企業や金融機関の現場で実証された、適正なセッティングを施しています。

KPIにおける中間成果増大のマネジメント

前項で最終ゴールとなる目標値を決定したら、その目標値、すなわち本塁に生還（到達）するためには、その前の3塁や2塁や1塁の走者となる見込案件をそれぞれいくつ創出すればよいのかを設定していきます。

その塁とは、ＫＰＩのプロセス成果を計測する項目名称のことであり、多すぎると営業現場では陳腐化してしまい、少なすぎるとセールスとマネジメントにおける分析ができないだけでなく、最終ゴールである重要最終実績に結実することができません。

項目名称は、各種企業や金融機関を問わず基本的には、１塁は訪問実施数や面談実施数、２塁はアポ取得数や案件取得数、３塁は提案実施数や見積提出数などが相当します。また各塁について、表項目と裏項目となる２種類の指標を計測するとさらにプロセス成果が安定します。

その際に重要なことは、一つは各項目の定義づけであり、もう一つは営業担当者と営業管理者に対する説得力であり、最後の一つは計上規定のわかりやすさとなります。

その項目数を全体でも3塁程度に留めておく理由は、１塁は営業担当者の行動量で充足させて、２塁は営業管理者のマネジメントで充足して、３塁は営業チーム全体の総合力で進捗するフレームワークづくりが、現実的で実践的であると考えるからです。

また走者とは、ＫＰＩの各中間指標に設定する指標数値のことであり、多すぎると現場は疲弊してしまい、少なすぎるとセールスとマネジメントにおける競争原理が働かないだけでなく、最終ゴールである重要最終実績に結実することができません。

弊社では、各企業や金融機関の現実に即して適切にセットアップをしていますが、そのポイントは月間当たりか週間当たりか、または拠点当たりか地域当たりかなどの時間と場所をどこで括《くく》るとよいかであり、その各データを蓄積し続けることで適切にセットアップできるようになります。

また、半期ごとのバージョンアップも必要です。当然、担当者ごとではなく営業チーム単位で可視化してチームワークを機能させてください。

ボトルネック解消のマネジメント方法

ＫＰＩにおける最終目標を決定し、各計測項目を設定し、各中間指標も調整したら、すべてを可視化できるように「プロセス・インジケーター・グラフ」を作成します。

このグラフは、当組織内のすべての営業担当者、営業管理者、統括責任者、営業本部が、あるいは営業支援や拠点に所属するその他スタッフの全員が、一目で現状を把握できるよう、常に掲示ボードや組織内システムに掲げてください。旧態依然とした担当者ごとの実績表でなく、あくまでも組織内における各営業チーム単位のプロセス成果の早見表です。

最初は、各プロセス成果を正確にカウントできたら良しとしてください。次は、少しでも右肩上がりになったら順調としてください。次には、各プロセス成果が指標に到達したら好調としてください。次は、指標到達項目が増えたら堅調としてください。全項目とも指標に到達するよう決して後戻りせぬように競わせてください。

すると、各営業チームごとに砂時計と同様の、ウィークポイントであるボトルネック（括《くび》れ）が発生していることにすぐに気づくことができます。あるいは、各営業チームごとにストロングポイントであるディファレンス（差異）が発生していることに気づかされます。そのボトルネックやディファレンスを早期に解消したり増強させたりしないことには、重要最終実績に到達しないことが一目瞭然でわかります。

「プロセス・インジケーター・グラフ」では、各営業チームの進捗状況を可視化して、青・黄・赤色の信号で示すようになっています。現在状況を表示していると同時に、異常があれば、それが明示されるようになっています。これは、トヨタ自動車の生産ラインで実施しているアンドン（電光表示盤を用いた生産状態の可視化システム）と同じで、異常があればすぐに対策を講じることができます。

対策を講じる際には、1塁にボトルネックが生じた時はこう対策するとか、2塁ならばどう対策するかなど、取り組む前にあらかじめ決定しておくことが重要です。

弊社では、各種企業や金融機関の現場で実証されたさまざまな汎用型を準備しています。

マネジメントの効果と効用

「プロセス・インジケーター・グラフ」のマネジメントは、TQSM®トレーニングの3カ月目から開始します。

すると、翌月4カ月目に1塁が全営業チームの平均値で約150％程度を示します。翌々月5カ月目に、2塁が全営業チームの平均値で約200％程度を示します。

3カ月後の6カ月目に、3塁が全営業チーム平均値で約175%程度を示すようになります。

約4カ月間にわたって全営業チームにおけるプロセス成果の量増大を実現した後の7カ月目には、質の向上である確率の向上に量を維持したまま、取り組みを開始します。

具体的には、7カ月目から12カ月目にかけて生産直行率を示す折れ線グラフで可視化し、どこに課題が生じているのかを確認しながら、その対策を講じてください。

ここでいう生産直行率とは、製造業の用語であり、造った製品において不良品の比率を不良率といいますが、その反対が直行率といいます。品質管理だけでなく、納期管理上も重視されています。これを営業部門に置き換えると、不良率は失注率であり、直行率は成約率となります。

すると、最初の7カ月目は、直行率を示す折れ線は理想線からずれて星座のカシオペア座と同様にW字型やM字型で左右に暴れていますが、9カ月目には北斗七星と同様の伸長状になり、やがて12カ月目には基準線にそった直線状のスマートスタイルに行きつきます。

その状態となると、量増大の後に質向上も実現しているため、思わぬ副産物としてリードタイム（所要期間）短縮も実現できるため、営業部門に時間的かつ労力的な余裕が生まれます。

最終的には約1年の短期間で、KPIの数値増大と確率向上を精度高く実現できます。

「プロセス・マネジメント（生還率）」によるQCサークル活動

TQSM®の図の標準化プログラムの上段に、「プロセス・マネジメント（Process Management）」と示しています。これは「プロセス・インジケーター（Process Indicator）」に着手した後に、各種企業と金融機関にとって一番大切な実績向上を成し遂げるために取り組みます。

一般的には受注予定管理などに相当しますが、それらと大きく異なっている点は、単に実績に結実する事前段階の受注予定となる各見込案件を管理するだけではなく、全見込案件における成約の精度を向上させる品質管理の取り組みであることです。

　そして、全見込案件における成約の精度を向上させる品質管理の取り組み方法とは、各種企業や金融機関の経営層や営業本部側が管理したい内容でなく、各営業チームの営業管理者が、把握されたくない成約精度、すなわち実績に直結する品質に限って管理させることで、現在の課題を明確にすることが可能です。

　野球ならば生還率を上げることであり、ホームベースに滑り込みセーフでもよいので本塁への生還を果たさなければ、担当者のそれまでの時間と労力も総じてムダとなってしまいます。さらに、顧客の時間まで無駄にしてしまうことになります。

　何よりも大切なことは、大型案件や大口取引のみに固執して一喜一憂するのではなく、全見込案件の成約精度を向上させて、できる限り多くの顧客に貢献することです。そのような小さな成功体験を積み重ねていると、実力に加えて自信がついてきて、大型案件や大口取引でも実績に変えることのできるマネジメント力が培われてきます。

　そのマネジメント力は、顧客満足度に加えて成約となる前のセールス満足度も向上させることができ、万が一のクレームが生じた際でも早期に解決ができるようになるため、顧客からの信頼度も自ずと高くなります。

ところが、多くの各種企業や金融機関では、この案件は何とか受注ができそうだとか、あの案件は何となく難しそうだとか、あれは無理だからどうにか交渉してこいなどと、◯や△や×の印をつける予想屋になっているだけで、根本的な問題を解決しようとしていません。最も良くないケースは、顧客ごとに見定めたり、案件ごとに見極めたりすることであり、営業管理者がそのようなことをするようになった時には市場からも見放されてしまいます。

それを解決するために、製造業の場合には「後工程はお客様」という考えのもと、造りこむ過程で何かの異常が発生した時には、一旦生産を止めることになったとしても、それらの問題を解決してから生産を再開する考え方（自工程完結）が定着しています。すなわち、不良品やリコールとなる製品をお客様に決して手渡さないという取り組みです。

営業部門であれば、成約に失敗したり競合に敗戦したりすることがないように、成約する過程で常に顧客視点に立って何かの課題が生じていないかを注視しながら、顧客が要望する成約時期（納期）の課題を解決しつつ、守っていくという取り組みです。

その取り組みとして、QC（クオリティ・コントロール）サークル活動を行います。これは各営業拠点における小集団活動のことを指しており、わかりやすく言うと、全見込案件に対する成約の精度を向上させる取り組みのことです。

また、「プロセス・インジケーター」と同様に、顧客づくりは製造業のモノづくりと違って対象となるのはあくまでも顧客という人間であり、少し早めに、少し多めにつくっておかなければならないことも念頭に置いてください。

加えて、担当者でなく営業チームごとの取り組みとすることも忘れないでください。あくまでも営業担当者ごとの受注予定管理でなく、営業チームごとの小集団活動です。

営業チームごとのQCサークル活動により、顧客の時間と労力を決してムダにせぬように、全見込案件の成約の各精度を確認しながら、なるべく多くの顧客に貢献してください。

そのような小集団活動は、各営業拠点の顧客から高い評価を得ることができるため、多くの紹介情報を得ることができるだけでなく、次の核となる製品や商品、あるいは提供するサービスやソリューションのヒントも得ることができ、ブランド力をなお一層向上できるのです。

QC活動における可視化シートの作成

まず最初に、皆様の企業や金融機関に適切にフィットした受注予定である全見込案件を1枚のシート（A3判横）に可視化することから着手します。弊社では、各種企業や金融機関の事業の詳細内容に応じて汎用型を取りそろえています。

そのシートとは、「プロセス・マネジメント・シート」と称して、各営業チームの担当者全員が目指している受注予定数分の全見込案件を縦に並べて一目で可視化できるものです。

事業の実績に結実する前段階の受注予定となる全見込案件を管理するだけでなく、それらの成約精度を向上させる取り組みが重要であることは、先にも述べたとおりです。

次に、シート左側の1／3を使って、皆様の各種企業や金融機関の受注予定となる各案件の詳細情報を、顧客視点で総合的に把握する欄を設けてください。

この総合的な情報欄のことを、弊社ではトータル・ゾーン（T領域）と称しています。その空欄は、多すぎると管理が行き届かないだけでなく、現場のコンフリクトが生じ、逆に少なすぎるとせっかく管理しても効果が薄く、成約精度の向上にはつながりません。

弊社では、各種企業や金融機関の事業の詳細内容に応じて適切にカスタマイズを施しています。

その次に、シート中央の１／３を使って、成約精度を確認する検査項目欄を設けてください。各種企業や金融機関によっても異なりますが、営業担当者や営業管理者が毎回の商談時に漏れ抜けなく確認できる検査項目数におさえた方が実践的です。弊社では、クオリティ・ゾーン（Q領域）と称して、自工程完結を目指していきます。ここでいう自工程完結とは製造業の用語であり、「品質は工程でつくりこむ」という考えのもと、その仕事に携わる全員が自らの工程を完結させることを指しています。

最後に、シート右側の１／３を使って、各顧客が要望する成約時期を守るため、顧客の先々の都合や現在の競合動向を詳細に把握して調整する日程欄を設けることです。弊社では、コントロール・ゾーン（C領域）と称し、前倒しと分散化を図っていきます。

この取り組みを、QC（クオリティ・コントロール）サークル活動と称しています。

3ゾーンにおける成約精度向上のマネジメント

前項で各営業チームの全担当者分の見込案件を可視化するシートを作成しましたが、まず、成約予定数をエントリーできているか否かを確認してください。当然ですが、営業チーム内でリカバリーしても構いません。なるべく早期に充足させてください。

また、シート左側1／3に各見込案件の情報を総合的に把握する欄を設けています。その総合情報欄をトータルに把握できているか否かを確認してください。もちろん、空欄箇所については、営業管理者が各営業担当者に早期に詳細情報を入手させてください。

さらに、シート中央1／3に各見込案件の成約の各精度を確認する欄を設けています。検査項目欄のクオリティが保持できているか否かを確認してください。万一、維持できていない項目があったなら、営業担当者または営業管理者が早期に安定させてください。

加えて、シート右側1／3に各見込案件の成約の各時期を調整する欄を設けています。成約時期がコントロールできているか否かを確認してください。もし、調整できていない日程があれば、営業担当者または営業管理者に早期に決定させてください。

これらはすべて、適切な情報や適正な数値などを緻密に書き込めるようにしておいて、営業管理者や統括責任者は、そのような情報や数値が記載してあるかを確認してください。

優秀な営業担当者の全見込案件や優秀な営業管理者のシートを拝見すると、全項目とも緻密に埋まっており、有段者の黒帯と同様の黒いゾーン（領域）が多くを占めています。

一般的な営業担当者の全見込案件や一般的な営業管理者のシートを閲覧すると、各項目がチェッカーフラッグと同様の市松模様のゾーンが多くを占めています。

実績の低い営業担当者の全見込案件や実績の低い営業管理者のシートを確認すると、各項目の空欄が目立っており、初級者の白帯と同様の白いゾーンが多くを占めています。

成約精度向上のマネジメント方法

ここから、各営業チームの営業担当者と管理者でＱＣサークル活動に取り組みます。

ここで活用する「プロセス・マネジメント・シート」は、組織内のすべての営業担当者と営業管理者と統括責任者と営業本部、営業支援や拠点所属の他のスタッフも含めて一目で現状を把握できるよう、常に掲示ボードや社内システムに掲げてください。これは、あくまでも各営業チームにおける全見込案件の成約精度を可視化した早見表です。

この「プロセス・マネジメント・シート」は、各営業チームの管理状況を可視化し、各ゾーンの精度を濃淡で示すようになっています。現在の成約精度を表示していると同時に、異常があればそれが明示されるようになっています。これは、トヨタ自動車の生産ラインで取り組む自働化と同様に、問題があれば生産を停止して即時に対策を講じることができます。

はじめは成約予定数を充足させてエントリーできたら良しとしてください。次に、詳細な情報を網羅できるようなったら順調としてください。次に、各検査項目の多くが安定してきたら好調としてください。その次には、顧客の都合と競合の動向を調整できていたら堅調としてください。全ゾーンとも白い欄に決して戻らぬように競わせてください。

すると、各営業チームごとに、黒帯状のシートか、またはチェッカーフラッグのようなシートか、あるいは白帯状のシートになっていることに気づくことができます。

白いままのシートやチェッカーフラッグのようなシートにおいては、極力早期に埋めないことには、成約までたどりつかないことが一目でわかりますから、即時の対策を講じることができます。

対策を講じる際には、営業管理者や統括責任者が適切な情報や適正な数値が記載してあるかを確認し続け、白いままのゾーンやチェッカーフラッグのようなゾーンは営業管理者や統括責任者が営業担当者と協力し、各対策を講じてから案件を進捗させることが肝心です。

弊社では、各種企業や金融機関の現場で実証された適切な助言を実施しています。

マネジメントの効果と効用

「プロセス・マネジメント・シート」のマネジメントは、TQSM®トレーニングの4カ月目から開始します。

目安は、初月の4カ月目に、全受注予定数をエントリーして充足できるようにします。翌月の5カ月目には、各見込案件の全詳細情報をトータルに把握できるようにします。翌々月の6カ月目には、全見込案件の成約度のクオリティが保持できるようにします。7カ月目は、顧客都合と競合動向をコントロールして時期を調整できるようにします。それ以降は、全営業担当者のムラを排除して黒帯ゾーンが多くを占めるようにします。

その際、決してやってはいけない禁忌事項があります。それは対象顧客のスケール（規模）やプロパティ（属性）に従ってこのくらいでもよいだろうとか、各営業担当者のスキルやレベルに合わせてこの程度で構わないだろうとか、甘めにしてみたりなど決してしてはいけません。あくまでも、全見込顧客の全案件に対して緊張感を持って自工程完結をチーム全員で目指してください。

自工程完結を営業部門に置き換えると、各見込案件の営業担当者、同行した関連部署の担当者、指導している営業管理者それぞれが、責任を持って成約精度の向上を果たしていくのです。

先にも述べたとおり、担当者ごとでなく営業チームごとの小集団活動となりますが、あくまでもチーム全体で全見込案件の成約精度を向上させる品質管理の取り組みです。営業管理者は責任感を持ってすべての案件に、関わるよう心がけてください。

その状態を続けていると、非成功体験が少なくなり成功体験のみが増えてくるため、営業チームに加えて営業部門全体の結束力が自ずと強くなり、組織に連帯感が芽生えます。仲が良い担当者や仲が悪い担当者などの好きか嫌いかで仕事に臨むのではなく、営業管理者の個性や資質に左右されない公平かつ適正なマネジメントが機能します。

約１年の短期間で、成約数増大と担当者の成長と管理者の成長が精度高く実現できます。

「リード・コントロール(勝率)」のためのかんばん方式

「営業部門の生産工学戦略」であるＴＱＳＭ®は、営業活動と営業管理に関するメソッドがすべて完備されており、営業部門のさまざまな各課題に対する解決策が網羅されています。

それらは全33メソッドあり、その中で重要な4大メソッドを解説してきました。本書でそのすべてをお伝えすることは不可能ですが、あと2つのメソッドを紹介させていただきます。

4大メソッドとは、「単純化プログラム」である「効果的商談（打率）」と「効率的行動（出塁率）」のことであり、加えて「標準化プログラム」である「プロセス・インジケーター（進塁率）」と「プロセス・マネジメント（生還率）」のことでした。

これらに加えて紹介する一つめのメソッドは、「リード・コントロール（勝率）」です。先述の４大メソッドにより、全見込案件における毎月の成約数増大を継続していると、次月度予定の短期見込案件、または本年度予定の中期見込案件、あるいは次年度予定の長期見込案件が不足し、そのうちに見込予定であるリード（見込顧客）自体が枯渇してしまいます。

そこで、短期的な視点の実績向上だけではなく、中長期的な視野も見据えたうえで、３年間や5年間の中期経営計画と同期させてシーズン中のシェア向上も果たすため、野球でいう「勝率」も向上させなければ、シリーズ・タイトルを獲ることはできません。

そのためにどうするのかというと、毎月の成約案件数と同数以上の見込案件数を、日頃の営業活動と営業管理によってあらかじめ準備しておき、毎月の成約を終えた案件数と同数以上を即時に補填します。同数以上にする理由は、すべてが成約にならないためです。

トヨタ生産方式でいうと、「かんばん方式」のことであり、「ジャストインタイム方式」を中長期的に実現するための仕組みです。これを導入することにより、必要な物を必要な時に、必要な量を着実に生産できるようにしています。要するに、顧客が行列をなすような状態に持っていきます。

この方式の利点は、各顧客に対するアプローチを早い段階から仕掛けることにより、競合他社の参入リスクが低くなり、対象顧客との信頼関係が構築しやすい点です。

二つめに紹介するメソッドは、「カイゼン提案シート（ボトムアップ）」です。「単純化プログラム」と「標準化プログラム」の4大メソッドを継続活用していると、単純化の上書きだったり、標準化の書換えが必要になります。また、「スピード化プログラム」を継続運用していると、各種営業ツールの改訂だったり、営業支援システムの更改などに関するさまざまな改善提案を実施して、革新したくなるものです。それこそが生産性向上の醍醐味だったりします。

そこで、個人的な視点の改善提案だけでなく、組織的な視野も持ち合わせたうえで、最新の市場と顧客と競合などの動向とリンクさせて最新のバージョンアップも行います。製造業でいう改善提案も継続して積み重ねていかなければ、革新にはたどりつきません。

ＴＱＳＭ®では、営業担当者や営業管理者、あるいは営業本部や関係部署の皆様に、毎月度を一つの目安として「カイゼン提案シート」を提出していただき、対策評価を実施したうえで採用するか否かを、統括責任者や営業本部、あるいは経営層が決定したうえで精度高く営業現場にフィードバックしていきます。

取り組みの初期は、担当者や管理者によって要領を得ない方もいらっしゃいますが、営業本部や関係部署が中心となり、組織に展開していると文化として根づいてきます。

「カイゼン提案シート」が提出されたら報奨金をわずかでもよいので出す、毎月ごとに継続して提出されたら出す、年間で〇十件以上が提出されたら出す、提案が採用されたら出すなど、TQSM®というトップダウンの戦略に対して自ら考え改善に結びつけるボトムアップとなる人材育成の仕組みも設けておくことで、従業員満足度も自ずと上がってきます。

もちろん、改善提案のコンテストや表彰制度、人事考課などのお金ではない方法でも有効性が高いことは実証済みであり、愛社精神や仕事に対する誇りや熱意を持っている人材にそのような特性が現れるケースも多いため、昇格や昇進の目安とするのもよいでしょう。

このボトムアップの副産物として、営業担当者や営業管理者、営業本部や関係部署など組織全体におけるTQSM®の定着と継続性が確実となる利点も特筆すべきポイントです。

営業生産性向上の留意点

辞書で「合理化」を調べてみると、労働生産性の向上を図ること、あるいは無駄を省いて能率化を図ることなどと出てきます。その後には次のように記述されています。

「罪の意識や自責の念から逃れるために真の動機となる欲求を隠蔽しようと、無意識的に働く心理的自己防衛本能」(「大辞林」第4版)

これは何を意味しているのかというと、いまから紹介する二つの留意点のことです。

一つは20世紀に活躍した、英国の精神分析学者であるアーネスト・ジョーンズが提唱した「酸っぱいブドウの法則」です。二つめは19世紀から20世紀に活躍した、オーストリアの精神科医であるジークムント・フロイトが提唱した「甘いレモンの法則」です。

どちらも、営業担当者や営業管理者、あるいは統括責任者や営業本部を含めて陥りやすい心理学上の合理化を回避するのに役立つと考えられます。心理学上の合理化とは、できなかったことなどの言い訳だったり、自己正当化という意味があります。

酸っぱいブドウの法則について

『イソップ物語』という有名な寓話集があります。その中の一つ、「キツネとブドウ」について、アーネスト・ジョーンズが鋭い指摘をしています。

キツネが森の中を散歩していたところ、たわわに実ったブドウの房を見つけました。食べたいと思ったけれど、高いところにあって届きません。日頃から鍛えていなかったキツネは脚力があまりなかったので飛びつくことができず、また顎《あご》の力も発達していなかったのでくわえこむこともできず、手に入れることを簡単に諦めてしまいました。キツネは捨て台詞を吐きました。「どうせ、あのブドウは酸っぱいかったに違いない」と。そうやって自身を正当化したという話です。この物語をアーネスト・ジョーンズは、「酸っぱいブドウ」のように望んだものが思ったように簡単に得られなかった場合には、求めていたものは望ましいものではなかったと思いこむことで、人間は自身の不快な思いを避けようとすることがあるとし、その精神を分析して脳内合理化と呼びました。

ここでいう合理化とは、より能率化を図るという一般的に使われる意味ではなく、いままで経験したことのある非成功体験とつじつまを合わせるという意味合いがあります。

これは営業の何に留意する話かというと、新規開拓の営業活動時に起きやすいということです。営業担当者または営業管理者は、いまからお客様のところに行かねばならないとします。けれども営業担当者や営業管理者は、次のように考えてしまいやすい傾向にあります。

「いまからでは、お客様にどうせ会えないだろうし、夕方に行ってもどうせ寒いだろうし、会えたところでどうせよい話にはならないだろうし、小口のお客様だから成約できたとしてもどうせ大した話にはならないだろう。もう一軒は大口のお客様だからどうせ相手にしてくれないだろう」

このように、行動することさえ諦めてしまうのです。

そういう営業担当者や営業管理者が１人でも存在すると、組織内にこのような思考が蔓延していると考えます。この状態を払拭するため、新規開拓の大切さを説いていかなければなりません。

甘いレモンの法則について

次は、フロイトが提唱した「甘いレモンの法則」です。レモンが象徴しているのは、手に入れた果実のことです。レモンが青色の時にはかじると酸っぱかった。時が経過して黄色になってきたので食べたところまだ酸っぱい。さらに時が経過して橙色になったのでそろそろ食べ頃だろうと思い、頬張ってみたら腐って酸っぱかったのでした。

凡庸な営業担当者や営業管理者の場合も、レモンという果実が常に酸っぱいということを忘れているのです。たぶんきっと甘くなると信じてしまっているのです。

これは営業の何に留意する話かというと、既存顧客への深耕活動時や得意顧客に対する情報収集時に起きていることです。既存顧客や得意顧客は、これからも取引がたぶん続くだろう、顧客ときっと仲良くできるだろうと、「たぶん、きっと」と信じ込んでしまい、最善を尽くすことを怠けてしまうのです。

もっと時間が経過した後、レモンをもう一度かじると、やはり酸っぱい果実のままだった、ということです。しかも、おそらく虫食いの跡があるはずです。それはすなわち、競合他社が入り込んでいるかもしれないということです。

さらに、しばらくしてからかじってみると、干からびてドライフルーツになっているかもしれません。既存顧客や得意顧客はすでに、住所を移転されたり事業を廃業されているかもしれないということです。

こうした怠惰な営業担当者や営業管理者が1人いると、このような悪い傾向が組織内に伝播しているかもしれません。高い評判を得続けるためには、凡事徹底の尊さを伝えて戒めていかなければなりません。

製造業では、三現（現場・現物・現実）という対象が目前にあるため、ごまかしが利きません。ところが営業部門の顧客づくりの場合、実際には顧客のところに行っていなかったり、ある時は顧客がお越しにならなかったことにしてみたり、挙句の果てには顧客のニーズがなかったことにしたり、ごまかしが利いてしまいます。

前項で「合理化」とは、労働生産性の向上を図ること、無駄を省いて能率化を図ること、心理的な自己防衛本能が働くことと、辞書に記述されていると伝えましたが、最終項には「理論的に分析整理して秩序や法則を見出すこと」と記述されています。この最後の定義が重要なのです。

これらは、製造業では五現主義と称されています。机上の空論ではない三現主義、すなわち現場・現物・現実を直視することで、決してごまかしの利かない課題解決の仕組みをつくり、さらには原理と原則の二つを加えたそれに対する改善提案により、スパイラルに向上させていく姿勢を促す必要があります。

営業部門でも同様に継続的に取り組める仕組みと真摯かつ愚直な体制が必要です。自身の営業担当職や営業管理職という専門職に対して夢と情熱が持てるすばらしい世界に、組織内の営業担当者や営業管理者を誘《いざな》うことが重要となってきます。そうすることで、新人の方、若手の方、中途の方、中堅の方、ベテランの方、真面目な方、頑張っている方、悩んでいる方、入社志望の方など、すべての人材の目が輝くことが、３ムダラリを排除する最大の対策になります。

第 6 章

営業部門の生産工学戦略の裏側

◆AIなどの先進技術の進歩によって営業人材が置き換わってしまうのではないか、そのような誤解された情報に怯える必要は全くないことを説明します。

◆TQSM®は、個人的なセールス・スキルのレベルに留めているようではいけません。営業部門と組織全体の生産性向上と品質向上の戦略とする重要性を伝えます。

◆営業活動は、決断前のセールス期間と決断後のサービス期間に分かれています。その長期間にわたり、顧客を支えるパートナーとなる意義について伝えます。

営業生産性の高い組織と人材の将来

いま、ニュースなどで営業が不要になる時代が到来すると、頻繁にとりあげられています。先進技術の進歩により、IoT、AI、DX（デジタルトランスフォーメーション）が台頭する時代が訪れ、営業の生産性向上や品質向上が実現できないのであれば、営業の組織と人材がこれらの先進技術に取って替わられる状況です。

結論から申し上げると、そういった開国を迫るような黒船の危機に対して必要以上に不安になったり、将来を悲観したり、心配する必要は一切ないと考えてください。

弊社がクライアントとして向き合っているのは、営業の組織と人材が介在している各種企業における営業部門であったり、金融機関における渉外部門であったり、各種の士業や個人事業主、あるいはフリーランスといった生身の人間です。

これらの方々は、総じて付加価値の高い商品やサービスをご提供されています。

たとえ市場と経済が移り変わっても結局は人間対人間であり、心と心の交流が高い水準で求められており、どんなに時代が移ろいだとしても決して変わることはありません。

むしろ、付加価値が高く、生産性と品質も高い、営業活動を展開している組織と人材は、日本経済にとって最も必要とされる存在であると同時に、世界規模の経済においても重宝される大切な存在であり、営業職はまだ来ぬ未来にも一番必要とされている職種です。

本書で紹介させていただいたＴＱＳＭ®の考え方や取り組みが、皆様にとって営業の大きなヒントになるだけでなく、今後の幸福な人生を航海するための羅針盤になると考えます。

なぜなら、家族や友人や知人も、上司や同僚や部下も、他人も含めてみんな人間だからです。

先進技術が来襲したいまだからこそ、家族、友人、知人、上司、同僚、部下とのコミュニケーションも、既存顧客や新規顧客とのリレーションシップも広げて深められる、営業というより、人間としての真価と実力が問われるすばらしき時代がやってきたと考えてください。

そんな時代だからか、営業に挑戦したいという若い方が増えている兆候もあります。

信頼されるセールス＆サービスを提供する

セールスとサービス、これを聞いて皆様はどんなイメージを持たれたでしょうか。

私は、購入を決定するまでの段階がセールスであり、購入を決定したあとの段階はサービスと考えています。これは、皆様が飲食店を入店前に選ぶ時と入店後に食べる時も同様です。そのセールスとサービスの両方の頭文字である「S」をとって、「TQSM®」という顧客づくりの生産工学戦略として、統合させています。

顧客にとって、商品やサービスの購入を決めるまでの段階は楽しい期間であると同時に不安になる時期でもあり、つまりセールス段階は期待と不安が混在しています。

この期間は、責任を持って顧客の精神と肉体の負担を軽くして差し上げてください。

一方、サービス段階は、お客様に経済的にも長期的に負荷がかかる時期でもあり、決断前のセールス期間と比較して、決断後のサービス期間の方が長いことが特徴です。

この期間は、顧客の健康寿命と同様に、商品やサービスを安心して利用できる期間を長くして差し上げるのが義務です。人間は寿命を延ばすことよりも健康寿命を長くすることの方が幸福を実感できるのですから、セールスとサービスの両方の責務を果たせるように頑張ってください。

このように、セールスとサービスの責務を全うすることは、米国の経済学者である1972年のノーベル経済学賞を受賞した故ケネス・J・アローの『組織の限界』に述べられている、「信頼があれば戦争はいらない」を体現することになります。

経営者が統括責任者を信頼し、統括責任者が営業管理者を信頼し、営業管理者が営業担当者を信頼し、営業担当者が顧客を信頼できる仕組みをつくるのが「TQSM®」です。そうなってくると、顧客から担当者が信頼されて、担当者から管理者が信頼されて、管理者から統括責任者が信頼されて、統括責任者から経営者が信頼されるようになります。

つまり、「TQSM®」に取り組むことで、組織内のコミュニケーションを活発化し、対顧客のリレーションシップを活性化し、信頼関係の構築を果たすことができるのです。最終的に、顧客を不安にさせる期間がなくなり、絶対的な信頼で結ばれた領域まで到達します。

コンサルティング&トレーニングについて

「TQSM®」のコンサルティングを導入されたクライアントの、営業担当者の方には、1年間におよぶ月間1回×3時間のトレーニング（12回）に参加していただきます。そして営業管理者の方には、月あたり1回を加えた月間2回×3時間のトレーニング（24回）に参加していただきます。これはチーム単位と組織単位のパーソナル・トレーニングと考えてください。

また、「TQSM®」はプロセス成果による人事考課制度も備えており、人材評価と昇格や昇進の判断も可能です。各種企業や金融機関の営業人材は、実績主義の名残りもあって、営業活動や営業管理におけるプロセスの成果まで、これまでは正しく評価されることはありませんでした。「ＴＱＳＭ®」を導入することにより、営業担当者や管理者のプロセス成果を含め、正しく評価ができるようになり、営業部門の全体に公平感による活気が出てきます。それは経営層の方から見ても、効果のほどがはっきりとわかります。

１年間全24回が標準コースであり、金融機関ならば9カ月間18回コースも可能です。毎月１回目の全員用はラーニング型、２回目の管理者用はフィードバック型です。具体的な行動や案件について、実践的なヒアリングとアドバイスを実施しています。

インプット&アウトプットについて

「インプット」については、現在の各種企業と金融機関におけるどちらの方々も、素直に吸収される方が多く、とても優秀な人材が集まっています。ただし、各種企業と金融機関における喫緊の課題は、「アウトプット」となります。

ＴＱＭもＴＱＳＭ®においても、最後のイニシャルは「マネジメントのＭ」となります。製造業でも営業部門においても、生産性向上と品質向上の鍵を握るのは、営業管理者のチーム・マネジメントと、営業本部のガバナンス・マネジメントです。

営業担当者が素直に習得したスキルを、営業管理者が愚直に管理できるか、そして、営業本部が実直に統治できるかによって、「営業部門の生産工学戦略」の成否が分かれます。

おわりに

営業の生産性向上に挑む方へのメッセージ

営業の生産性向上を実現している方や挑戦している方に、伝えたいことがあります。それは、一般的な営業担当者や営業管理者と比較し、より多くの顧客を幸せにしたり、より多くの担当者を成長させているため、顧客に感謝の言葉を伝えていただいたり、担当者に敬意の言葉を伝えられたりするその代償として、身心ともにとても疲労することもあるということです。

その理由は、一般的な営業担当者や管理者と比較して、多くの顧客を幸せにした分、より多くの顧客から断りを受けているからです。また、多くの担当者を成長させた分、より多くの担当者がまだ成長過程であったりして、産みの苦しみが計りしれないためです。

「自身が実践した営業活動は本当にこれで良かったのか?」「自身が采配したマネ

ジメントは本当にあれで良かったのか？」と、自身のセールスやマネジメントに対して、自責の念に駆られないように「ＴＱＳＭ®」というスタンダードの型が存在するのです。

実際に、各種企業や金融機関において、高い営業の生産性を発揮している方々は、たとえ自身の活動や管理が成果や実績に結びつかなくとも、顧客には高い付加価値を、担当者には良い教育機会を提供できたと自ら励ましながら、誇りを持って生きています。

なぜ、このようなことをお伝えするのかというと、セールスとマネジメントを含めて高い営業生産性を発揮している方々は、多くの顧客の人生や事業は豊かにしているが、自身を労ってくれたり、励ましてもらうことは、とても少ないことを私は知っているからです。

誰にも見られていない活動や管理、誰にも認められていない活動や管理、何も評価されていない活動や管理、何も報われていない活動や管理をいかに多く積み重ねたかが、本当の意味での「営業部門の生産工学戦略」について探究することになると考えます。

ちなみに私自身も、その労われない、励ましてもらっていない探究者の一人です。自身の生涯をより豊かで実りあるものにしたい、顧客や関係するすべての人たちをもっと幸せにしたいと強く想い続けることで、この人生はあっという間に過ぎていくはずです。

まだ先のことではありますが、私と皆様が自身の人生をまっとうする時に、自身のやったことは必ず将来に残ると考えて納得できるところまで21世紀を生きる同志として互いに切磋琢磨していきましょう。将来どこかで握手できることを願っています。

末筆ながら、本書を執筆するにあたり、愛知工業大学経営学部の柊紫乃教授には、多大なるアドバイスを賜り、深く感謝申し上げます。

そして、本書の執筆中に、大工職時代に大変お世話になった、私のたった一人の棟梁が他界されました。住宅づくりも、弟子づくりも、施主づくりも、如才なくこなした優しい人でした。私がまだ駆け出しの10代だった頃から、愛情たっぷりに教えてもらったすべてのことを、世間の皆様に向けて感謝しながら伝承して参ります。

心よりご冥福をお祈りします。

著者

【問い合わせ先】

エクスプローラーコンサルティング株式会社
〒105-0022 東京都港区海岸 1-2-3 汐留芝離宮ビルディング 21 階
Tel : 03-5403-6449 ／ Fax : 03-5403-6565
www.exp-consulting.jp
E-mail : info@exp-consulting.jp

一般社団法人　TQSM 協会
〒105-0022 東京都港区海岸 1-2-3 汐留芝離宮ビルディング 21 階
Tel : 03-5403-6699 ／ Fax : 03-5403-6565
www.tqsm.jp
E-mail : info@tqsm.jp

【著者略歴】

高原 祐介 たかはら ゆうすけ
エクスプローラーコンサルティング株式会社　代表取締役

1985年
・棟梁のもとへ弟子入りして大工職として従事。モノづくりに奮闘する。
1995年
・建築会社に入社して営業職として従事。営業の顧客づくりに挑戦する。
1999年
・大手ハウスメーカーに移籍し、営業担当職、営業管理職、営業部長職と、1年毎に昇格してそれぞれで全国トップ実績を収めながらTQSM®を開発する。
2003年
・トヨタ自動車株式会社より創業支援を受けて、「エクスプローラーコンサルティング株式会社」を設立。トヨタ直営子会社(当時)が最初のクライアントとなる。
2006年
・「製造のTQM（総合的品質管理)」を応用開発した「営業のTQSM®」を、大手住宅メーカー、自動車メーカー、生保・損保・証券会社、各種メーカー、大手地方銀行・信用金庫など130社以上のクライアントに提供していく。
2022年 現在
・「営業部門の生産工学戦略」の開発・提供・普及に東奔西走しながら活躍中。

世界標準のセールス・マネジメント・ストラテジー

TQSM®

Total Quality Sales Management

営業部門の生産工学戦略のすすめ

2023年2月6日　初版 第1刷

著　者　高原　祐介
発行者　髙松　克弘
発行所　生産性出版
〒102-8643　東京都千代田区平河町 2-13-12
日本生産性本部
電　話　03-3511-4034
https://www.jpc-net.jp/

編集協力　馬場　隆
校　　正　加藤　誠志
装丁&本文デザイン　田中　英孝
印刷・製本　サン

ISBN 978-4-8201-2124-4